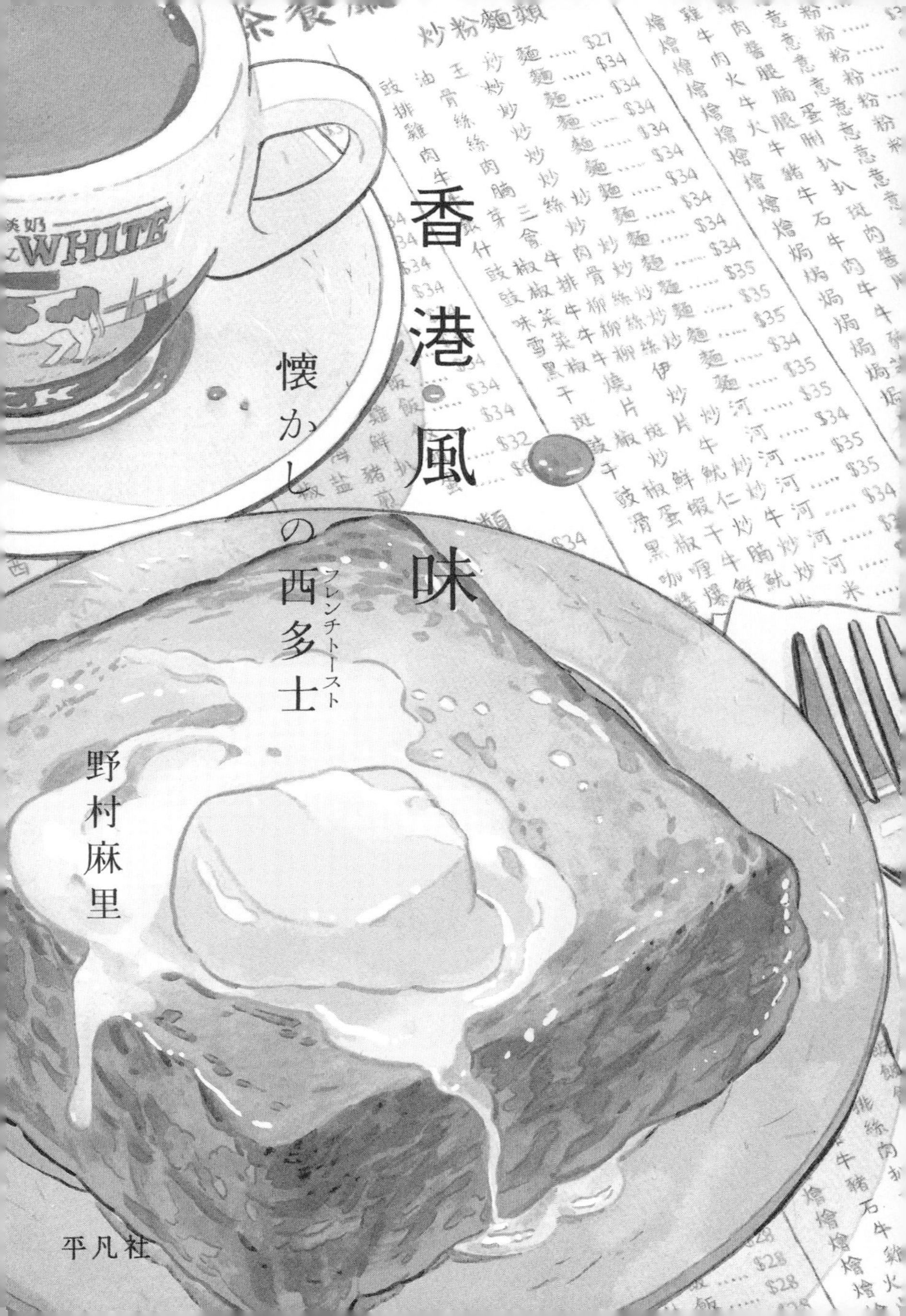

香港風味

懐かしの西多士《フレンチトースト》

野村麻里

平凡社

香港風味◉目次

【レシピ】

カバーイラスト＝小雷
装丁＝佐藤温志
本文挿絵＝著者

香港風味——懐かしの西多士《フレンチトースト》

はじまりは小籠包

湯気の立った小籠包《しょうろんぽう》をゆっくり箸でつまむと、萎《しぼ》みかけた小さな水風船のような、そんな重さが箸に伝わる。

小皿に入った酢に軽く浸してから、皮が破れないようにそっとレンゲの上にのせる。端を齧《かじ》ると、鮮やかな黄色のスープがレンゲに溢れる。

ああ、これ、これだ。

逸《はや》る気持ちを抑えつつ、温かなスープを啜《すす》り、小籠包を口に入れる。間違いない。

長年の謎が解けて、すっきりした。

私が香港で最初に感激した料理は、飲茶《やむちゃあ》でも雲呑麵《わんたんみん》でもなく、小籠包だった。スープ入りの小さな肉饅頭。広東料理ではない。上海料理の點心《でぃむさむ》だ。しかしその小籠包は長い間、謎に包まれていたのだ。

初めて私が香港を訪れたのは一九八八年の一二月。友人と一緒の、ごく普通の、四泊五日のパッケージツアーだった。

一年中、街中にイルミネーションが輝く香港だが、一二月から年明けの旧正月までは特に華やか。ビルのあちこちに飾られた、巨大な「聖誕快楽《せんだんふぁいろっ》（クリスマスおめでとう）」、「Season's Greetings」といった電飾の文字が、街をいつもより一層明るく、照らしだす。

しかし当時、香港で何をしたのか、どこへ行ったのか、今ではほとんど忘れてしまっている。

それなのに、ふと入った尖沙咀《ちむさあちょい》の小さな上海料理店で食べた小籠包の味は、時が過ぎるにつれて旅の記憶は失われていくのに、決して忘れることがなかった。

その小籠包は、それまで東京で食べていたものと全く違っていたのだ。

はっきり覚えているのはスープが黄色かったこと。皮の端を齧ると白いレンゲが黄色い液体でいっぱいになった。

その濃厚な味、まるでバターのよう。中国料理にバターは奇妙だけれど……美味しい！

一体どんな材料を使ったら、こんなスープになるのだろう？　豚の脂？　それとも鶏だろうか？　ウェイターは小父さんだった。しかし私の片言の英語では、そんなことを聞けるはずもなかった。

この時は想像もしていなかったが、最初の旅から八年後の九六年、私は香港で暮らし始めた。六年半の滞在中、何度も香港の人々から

「なぜ香港に住んでいるの？」

と聞かれたが、いつの頃からか私は

「食べ物が美味しいから」
と答えるようになった。
問いかけた相手は
「香港なんて」
「こんな街がいいなんて」
「どこへ行っても人だらけで、将来、どうなるかも分からない街なのに」
と言いたいようだったが、料理が美味しいという自負があるのだろう。食べ物が美味しいから大好き、ずっといたいの、と言うと「それはそうね、なるほど」と不思議なくらい納得してくれるのだった。

ではなぜ、香港の料理は美味しいのか？

それはやはり、香港の人々が食べることを愛してやまないからだと思う。

広さ一一〇四平方キロメートルと、東京都（二一九一平方キロメートル）の半分ほどの広さしかない香港には、七三二万人（二〇一五年一二月調べ）が住んでいる。

狭い香港で食べることは、毎日のささやかな楽しみであり、「医食同源（病気を治すことと食事をすることの本質は同じであるという考え）」の思想からも、己の身体を支える大切な行為であり、またコミュニケーションの手段でもあるのだ。

人々は本当によく、食べ物の話をしている。男女問わず、多くの人が食べ物については一家言持っていて、あーだこーだと、非常に小うるさいのだ。彼らは、屋台の菓子から高級ホテルの逸品まで、すべてを平等に批評する。特にこだわるのは、食べ慣れている料理だ。
私が住んでいた頃、某週刊誌のアンケートによる「香港らしい食品ベストテン」では、こんな料理が挙げられていた。

一位……車仔麵《ちぇーじゃいみん》（麵の種類と具をそれぞれ選ぶ、屋台発祥の麵）
二位……魚肉碗仔翅《ゆーよっうんじゃいちー》（フカヒレの代わりに鶏肉と春雨を入れ、とろみをつけたスープに魚のすり身団子を入れたもの）
三位……鶏蛋仔《がいだんじゃい》（小麦粉、卵、砂糖を入れた生地を丸い型に入れて焼いた屋台菓子）
四位……菠蘿油《ぼうろうやう》（メロンパンに似た菓子パンにバターを挟んだもの）
五位……臭豆腐《ちゃうだうふー》（豆腐を発酵させて揚げたもの）
六位……蝦餃《はーがう》（海老蒸し餃子）
七位……蛋撻《だんたっ》（エッグタルト）
八位……雲呑麵《わんたんみん》（ワンタン麵）
九位……辣魚蛋《らーゆーだん》（魚のすり身団子を辛いスープで煮たおでんのようなもの）
一〇位……鉢仔糕《ぶっじゃいごう》（米粉と砂糖を混ぜ、小さな器に入れて蒸した菓子）

ほとんどが屋台、あるいは屋台を発祥としたものだ。日本なら寿司よりもタコ焼き、天麩羅より

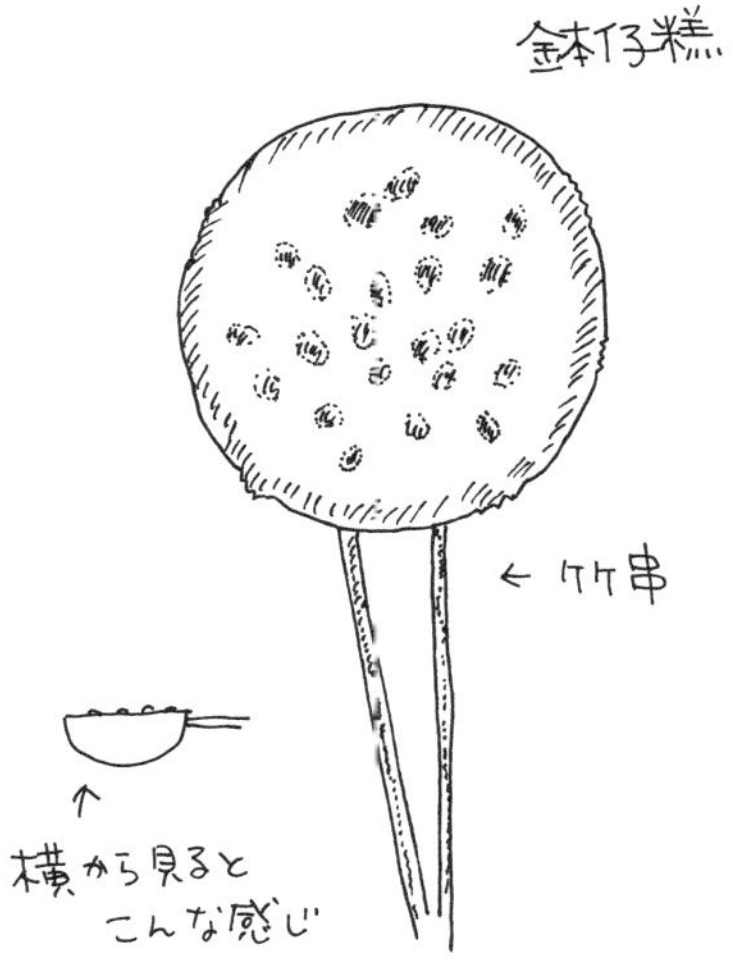

もラーメン、くらいの感覚だと思う。

また「読者千人が選ぶ八大広東料理」というものもあった。

一位……蒸水蛋《じんそいだん》（卵と水を混ぜ、具材を入れて蒸した、茶碗蒸しのような料理）
二位……貴妃鶏《くわいふぇいがい》（塩やスパイスを入れたスープで煮た鶏）
三位……粟米斑塊《そっくまいぱんふぁい》（揚げた魚にトウモロコシ入りのあんをかけた料理）
四位……酸甜生炒骨《しゅんてぃむさんちゃうくわっ》（豚のスペアリブを使った、酢豚のような料理）
五位……蝦膏炒鮮魷《はーごうちゃうしんやう》（蝦膏という発酵調味料で炒めたイカ）
六位……蒸魚《じんゆー》（蒸した魚）
七位……老少平安《ろうしうぺんおん》（豆腐や魚のすり身を入れた茶碗蒸しのような料理）
八位……脆皮鶏翼《ちょいぺいがいいえっ》（揚げた鶏の手羽先）

食べ慣れた、ごくありきたりなものに人々は強い愛着と執着を持っているのだ。

そして日本人なら誰もが、一度くらいは訪れたことのある香港だが、不思議なくらい、これらの料理は日本ではほとんど知られていなかった。

猫の額のような小さな土地に、びっしりと飲食店が立ち並んでいる香港。街を歩けば、さまざまな食べ物の匂いが流れてくる。

點心を蒸す蒸籠《せいろう》の湯気と湿った竹の匂い。

黒い鉄板にのせたまま店先に運ばれてくる焼きたての菠蘿包《ぼうろうばう》（パイナップルパン）の甘い香り。

食堂から漂う、白米の香ばしい香り……。

私のような、食べることが好きな人間にとって、香港はとても暮らしやすい街だった。

＊

もともと香港という土地は文化的には中国広東地方に属している。広東地方は海鮮を始め、食材が豊富な地方といわれてきた。

一八四二年、南京条約によって英国の植民地になる以前の香港は、広東の漁村の一つに過ぎなかったという。

そこへ、さまざまな人々が他所《よそ》からやってきて現在の香港が形成されていった。香港人の多くが広東人だが、他にも上海人、潮州（広東省の東部）人、福建（中国南東部）人といった、中国各地からやってきた人々が住みついた。

他にも越南（ベトナム）、泰國（タイ）、印尼（インドネシア）から移り住んだ華僑たちもいる。インド人とネパール人（返還以前、香港にはグルカ兵が駐留していた）が多いのは英国統治下時代の置き土産である。

広東地方のほんの小さな港町が、政治的にも経済的にも中国から切り離されて、あだ花のごとく花開いたのが香港だ。そこに駄菓子からご馳走まで、伝統料理から外国料理まで、ありとあらゆる料理屋が集まっている。

だから食に関して香港は、中国の他のどんな都市にも似ていないように、見える。

香港暮らしにも慣れた頃、私はあの、最初の旅行で食べた小籠包をもう一度、食べたいと思うようになった。

けれど、微かな記憶を辿りながら尖沙咀の裏道を歩いてみても、あの店らしき店は見当たらない。

今ではすっかり知られているが小籠包のスープの正体はゼラチンだ。豚の皮や鶏の手羽など、ゼラチン質の多い部分を煮てスープを作り、冷やし固めたゼリーを豚ひき肉と一緒に包む。蒸すことで、中のゼリーが溶けて熱々のスープになるという仕掛け。知ってしまえばなんということもないが、知らないと、溢れ出てくるスープがまるで魔法のように思えた。

小籠包を食べる時、すぐに口に入れてはいけない。まず、酢と千切りの生姜を混ぜたタレにつけ、レンゲの上にのせる。それから皮を少しだけ齧り、スープをレンゲの中に溢れ出させておいてから食べる。

もしも直接、口に放り込めば、熱いスープで口の中を火傷《やけど》しそうになるし、またそのくらい熱くなければ、美味な小籠包とはいえない。ゼラチンを含んでねっとりと濃厚なスープが、舌や唇にまとわりつくのが、なんともいえない。

もう一度、あの、黄色いスープの小籠包が食べてみたい、そう思い、私は上海料理屋へ行く度に小籠包を頼んでみた。しかしどこも、出てくるのはなんの変哲もない小籠包ばかりだ。しかも、むやみに皮が厚い、冷めている、スープが入っていないといった、あまり出来が良くないものも多い。

中国は「北麺南米」といわれる。北方の主食は小麦粉で南方は米、という意味だ。香港の主食は米だ。広東料理はご飯とよく合う。だから人々にとって小麦粉の食品はスナックの域を出ないのだろう。人々の小籠包への要求は低いのだ。でき損ないの饅頭のような小籠包でも、皆けっこう美味しそうに食べている。

私はだんだんと、小籠包を頼む意欲を失っていった。

幻の小籠包と再会できたきっかけは、尖沙咀の某有名上海料理屋の主人から、店の歴史を聞いたことがきっかけだった。

尖沙咀は九龍半島の最南端の街。いつでも人で溢れている香港一の繁華街だ。一九二八年創業の最高級コロニアルホテル、ザ・ペニンシュラがあるかと思えば、北に真っ直ぐ伸びる彌敦道《ねいとんどう》（ネイザンロード）には、安いゲストハウスがひしめく悪名高き重慶大廈《ちょんへんだいはー》も健在だ。

ビクトリア湾を挟んで、対岸に見えるのは香港島。ここから見る風景と、香港島から見る尖沙咀の風景が、最も香港らしいといわれる風景だろう。

その尖沙咀にもともと、上海人が多く住む街だったそうだ。某上海料理店も上海系の住人に惣菜を売る店から始まったという。今まで尖沙咀内で何度か移転しているよと、以前の写真を見せてもらった時、この店が、私がずっと探していた店だと思い当たった。

ではあの小籠包は……あらためてメニューを眺めると、オーソドックスな小籠包の他に「蟹粉小籠包《はいふぁんしうろんぱう》」の名がある。これだ！

蟹粉とは、上海蟹のミソと身だけをとりだしたものである。蟹粉小籠包は具に蟹粉を使った小籠包のことだ。

上海蟹は中国語では大閘蟹《だいじゃっぷはい》という。日本名はシナモクズガニ。爪の部分に黒い毛がびっしり生えている淡水蟹。秋から冬にかけて出回る、大ご馳走だ。中国の陽澄湖《ようちょうこ》で獲れたものが上等とされる。

出始めから一〇月までは雌、一一月からは雄が美味といわれるが、卵よりもミソが好まれるため、雄の方がより人気がある。生きたまま、赤紫蘇《あかじそ》と生姜を入れた湯で蒸し、黒酢と千切りの生姜を混ぜたタレをつけて食べる。

中国医学によると、蟹は体をとても冷やす。だから上海蟹を蒸す時には、身体を温める生姜と紫蘇を使う。また生姜と赤砂糖で作った生姜茶を飲むのも決まりだ。

蒸すのは簡単だし、店で食べると高くつくので、好きな人は季節になると上環《しょんわん》などにある専門店で蟹の入った行李を籠ごと、あるいはダースで買い、家で食べる。大きさには等級があり、大きい方が値段は高い。そして経験的に、あまり小さいのは美味しくないと思う。

専門店では手足を縛られた蟹たちが、行李の中で密やかに買い手を待っている。縛ってあるのは、手足が自由になったとたん、彼らは小さなハサミを振り回し、逃げて収拾がつかなくなるか

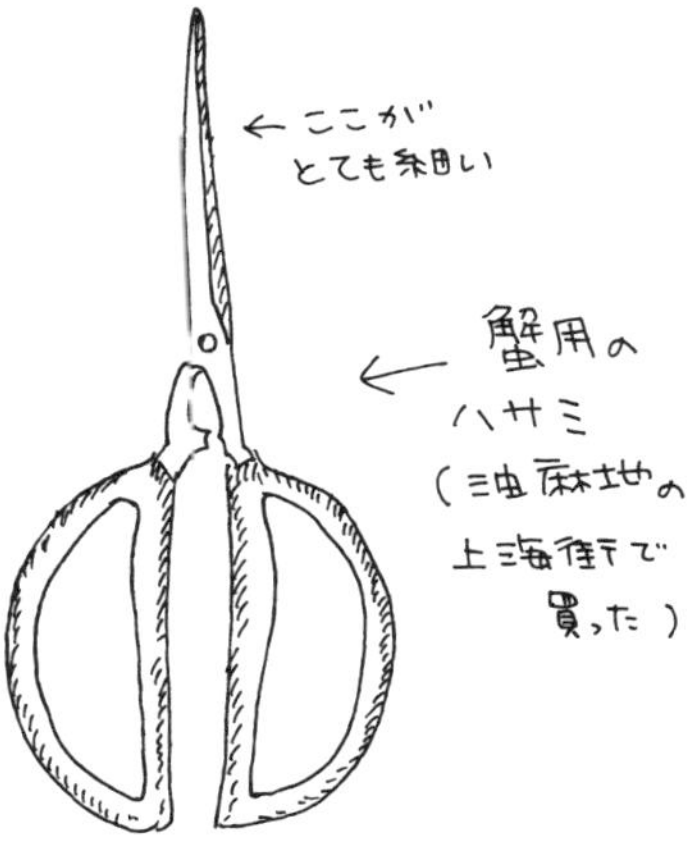

らだ。縄は解かずに蒸さないと台所が大騒ぎになる。

店の人は蟹の裏をちょっとめくって腹の部分を見せてくれる。甲羅の上からでも蟹の身が黄色くなっているのが分かる。ミソがたっぷり入っている証拠だ。

しかし上海蟹には当たり外れがあると、私は思う。

当たりを食べたら、なぜこれが天下の美味といわれるのかが、よおく分かる。身が小さいだけに繊細な肉と濃厚なミソの組み合わせは、素晴らしい。

しかし外れにあたったら、なぜ多くの人が大枚はたいて、こんなちっぽけな蟹を喜ぶのかが、さっぱり分からない。だから上海蟹を食べる時は一杯では不十分。外れである可能性もあるからだ。二杯、いや三杯食べたら満足する。

蒸しあがった熱々の甲羅を指でこじ開け、橙《だいだい》色のミソを啜る。卵黄にも似た、ねっとりしたミソ。コレステロールの美味。身も丁寧に殻から取り出して味わう。淡水蟹の特徴だろうか、微かに土のような味がする。上海蟹は小さい。身の部分はどんなに大きくても、男性の握りこぶしくらいしかない。足などは鉛筆くらいの太さだ。身を取り出すのには結構な根気と集中力が要る。

蟹粉とに、そういう面倒臭いことは他人にやらせればよいという、退廃した、ブルジョア的な贅沢食材である。もちろん非常に高価だ。

今までなぜ気がつかなかったのか？　私がバターだと思った、あの黄色は蟹粉に違いない。後日あらためて、その店へ行き、蟹粉小籠包を頼んでみると、確かにあの黄色いスープの小籠包が出てきた。初めて食べた時から実に、一三年ぶりの再会だった。

ついにあの小籠包に出会えた、と感動すると同時に値段に驚いた。普通の小籠包の、なんと三倍もする。

記憶の中に値段が高かったという覚えはなかった。私は初めての香港旅行で気持ちが高ぶっていたに違いない。それでウェイターに勧められるままに、この小籠包を頼んだのだろうか。それとも、香港のご馳走といえばシーフードだよと、壁の貼り紙を見ながら友人と決めたのだろうか。もし勧められたのだとしたら、騙されたわけではないが、こちらの財布の紐が十分にゆるいことを知った上で勧めたに違いない。

そして、再会と同時にこの小籠包を長年見つけることができなかった理由も分かった。私は香港に住んで長らく、こんな高価な小籠包を頼んだことがなかったのだ。

香港には安くて旨いものがいくらでもある。

上海蟹の蒸し方

【材料】

上海蟹　赤紫蘇数枚　生姜の薄切り2、3片　酢少々

［つけダレ用］黒酢、酢（蟹の下処理用）、醤油、砂糖、生姜、各適量

【作り方】

- 蟹は紐で縛ったまま、たわしなどで泥や汚れをよく落とし、酢を少し混ぜた水に5分ほど漬ける。
- 赤紫蘇と薄切りにした生姜を入れた湯を熱し、蒸籠をのせておく。蟹の腹を上にして皿にのせ、蒸す。時間は大きさによって異なるが、12分から15分ほど。

【つけダレ】

- 黒酢、醤油、砂糖少々に千切りの生姜を加える。このタレは小籠包にも使える。

※食べる時は水に三温糖（黒砂糖も可）と生姜を入れ、煮たてた生姜茶を飲む。

だから暮らせば暮らすほど、財布の紐は固くなり、目つきは鋭くなり、顔から微笑みは消え、高級料理屋からは足が遠のいていく。今だったら勧めた親父たちを睨みつけるところだろう。

しかし黄色い小籠包の思い出は決して悪いものではなかった。どうにかしてもう一度、食べてみたいと思ったのも美味しかったからだ。それはいい記憶だった。

もしかしたら、私が香港に住むことになった、何か間接的なきっかけの一つに、蟹粉小籠包はなっているのかもしれない。人は食べ物が美味しい土地を、実態よりもよく思うものである。

某上海料理屋はその後、残念ながら閉店してしまった。

しかし秋になれば、上海料理店に限らず、いろんな店で蟹粉小籠包を出す。どこで食べてもたいてい旨い。

黄色いスープを啜り、ねっとりした蟹粉の味に舌なめずりをしながら、いつも、最初の香港旅行から、ずいぶん遠くに来てしまったような、そんな奇妙な気分になる。

蛋のはなし

ふと、家に卵がたくさんあったので鹹蛋《はむだん》（塩卵）を作ってみようと思いたった。本来はアヒルの卵で作るものだが、鶏の卵でもできそうだ。

料理の本によると、四カップの水に三分の二カップの塩を混ぜて沸騰させ、冷ましたものに花椒《ふぁじゃう》の粒を少し混ぜる。その中へ卵を一〇個浸し、夏なら一〇日、冬なら二〇日ほどでできる、とある。

流しのあちこちに飛んだ塩水が、塩の結晶を作るほどに濃い塩水の中へ、白い卵を漬けこんだ。すると、卵の成分が滲み出してくるのだろうか。透明だった塩水が翌日には黄色くなった。

塩卵があれば「鹹蛋蒸肉餅《はむだんじんよっぺん》」が作れる。

丸く形を整えた豚ひき肉の真ん中にくぼみを作り、塩卵の黄身をのせて蒸す、中国風の蒸しハンバーグ。汁気もたっぷり、ご飯が進む。日本でいえば肉ジャガのような惣菜。

具にはさまざまなバリエーションがあって、塩卵の他には、鹹魚《はむゆー》（魚の干物）、梅菜《むいちょい》（カラシ菜の一種の漬け物。甘い高菜の漬け物のような味がする）などがお馴染みだ。

皮蛋《ぺいだん》（ピータン）に比べ、塩卵が日本であまり知られていないのは、使い方がよく分からないからではないだろうか。茹で卵にしても塩辛いだけで、美味しさがいまひとつ理解しづらいが、黄身の味は上海蟹のミソに似ている。イクラにも似ている。私は塩卵の卵黄を「貧乏人のカニミソ」と命名した。

割ってスープに入れてもいいいし、他の具材と一緒に炒めてもいい。あれば、なかなか便利なものなのだ。

香港では海鮮料理屋などで「黄金蝦《うぉんがむはー》」、または「黄金蟹《うぉんがむはい》」という、派手な名前のメニューを見かける。「黄金」は塩卵の黄身のたとえ。黄身を海老や蟹にまぶして炒めた料理だ。黄色い衣はちょっと塩気が強いがコクがあって美味しい。しかし正体を知らなければ、衣に何を使っているかなかなか想像できないだろう。

香港では旧暦八月一五日の中秋節《ちょんちゃうちっ》には、月餅《ゆっぺん》を食べるのが慣わしだ。これにはいわれがある。元を倒して後に明の皇帝となった朱元璋《しゅげんしょう》は軍の蜂起を八月一五日に決めた。この時、朱元璋は餡の中に伝令の紙切れを入れた丸い菓子を作らせ、月見用の菓子という名目で同士に配った。この菓子がのちに月餅となったという。

そして月餅には、塩卵の黄身が入っていなければ月餅とはいえない。蓮の実や小豆に油やラード、砂糖を練りこんだ餡は甘くてしつっこくてねっとりしているが、塩味の黄身を入れると甘さと塩辛さ、二つの味が混じりあって、ぐっと美味しくなるのだ。

塩卵の真価は月餅で分かるといっていいくらい、私は塩卵入りの月餅が大好きだ。実は日本で食べる月餅は餡が甘すぎて苦手だった。ついでにいえば私は胡麻味や落花生の菓子も全然好きではなかったのに、香港では食べる機会が多かったので好きになった。やはり慣れというのは大きいなと思う。

月餅は世話になった人に贈るお歳暮のような菓子でもある。会社では季節になると頂き物の月餅が回ってくる。女性はカロリーを気にして薄く切り、「しまった、黄身が入ってない」などと言いながら八分の一くらいをお義理で食べる。皆信心深いから、「縁起物」は少しであっても必ず食べる。しかしチョコレートを食べている時の方がよほど嬉しそうではある。

そうしてなぜ、月餅に黄身を入れるかといえば、月を見ながら月（黄身）を食べるという、風雅な意味があるという。言われてみれば、まん丸の黄身は満月のよう。

時々、黄身が二つ入っているものもある。これは単に「その方が美味しいから」ということらしい。そして満月のことを「鹹蛋黄《はむだんうぉん》（塩卵の黄身）」とも呼ぶ。食いしん坊らしい、いい名だと

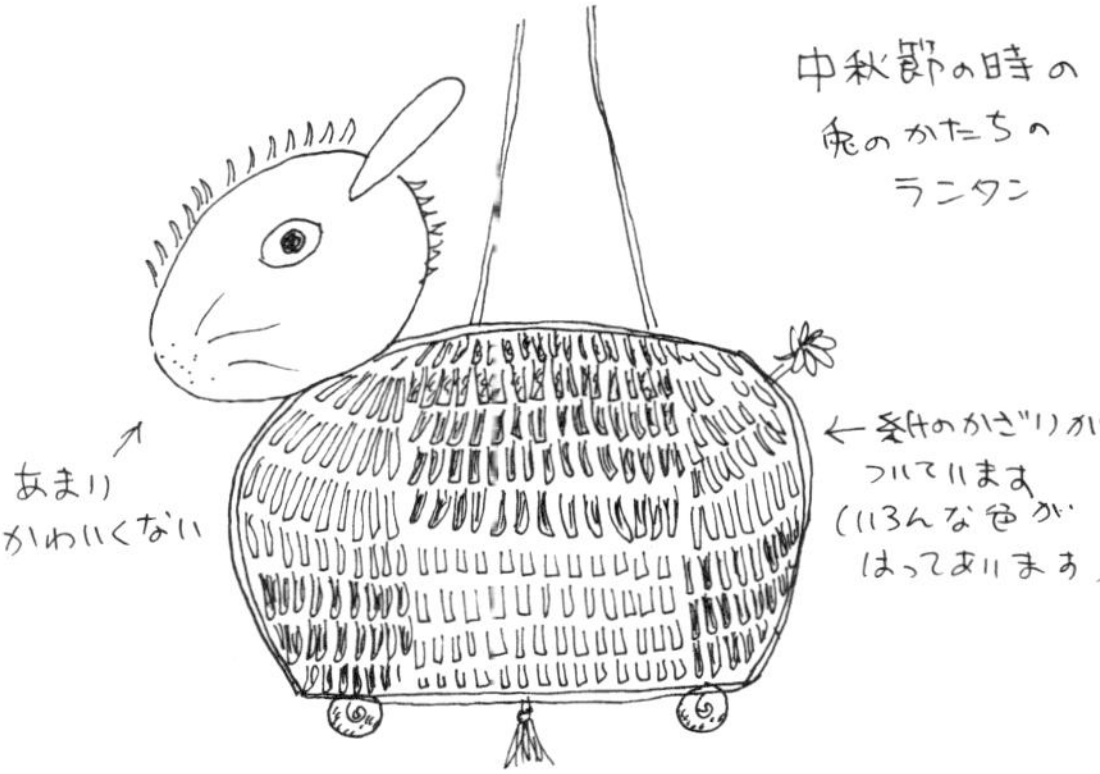
中秋節の時の
兎のかたちの
ランタン
あまり
かわいくない
←紙のかざりが
ついています
（いろんな色が
はってあります）

思う。

中秋節は子供も夜更かしして良い日。夜、街を歩くと、提灯《ちょうちん》を持った子供たちとその家族の姿があちこちで見られた。

公園では蠟燭で周りを囲った中で、友人や家族がおしゃべりをしたり、月餅を食べている。暗闇の中、あちこちにできた光の環……。私の大好きな、幻想的な香港の風景のひとつ。こんな夜は誰もが用事がなくとも出かけたくなるものだ。

そして次の日は祝日だから、皆時間を気にすることなく、遅くまで戸外で過ごしていた。

＊

塩漬けしただけの鹹蛋に比べ、皮蛋《ぺいだん》は手が込んでいるので、とても自分では作れそうもない。アヒルの卵の周りに泥と籾殻《もみがら》、石灰、灰汁《あく》などアルカリ性のものを混ぜたものを塗りつけ、一ヶ月ほどおいておいて完成、だそうだ。皮蛋は明の時代に湖南で誕生したといわれる。最初にナマコを食べた人は勇気があるというが、最初に皮蛋を食べた人も相当、勇気がある。卵なのに黒くて、生なのに固まっていて、よくよく考えると薄気味悪い。しかし私は皮蛋も大好きだ。豆腐と一緒に、砂糖を入れた甘い醬油と一緒に食べると美味しい。胡麻油と生醬油の日本風も悪くない。もし不幸にもアンモニア臭い皮蛋を買ってしまったら、切って少しおいておき、アンモニア臭を飛ばす。砂糖をちょっとかけておいてもいいという。

揚げる、という手もある。これはタイ料理屋で感激して食べた。皮蛋を四つくらいに切って、素揚げしてある。表面に皺が寄り、ちょっとしまった皮蛋に香菜（コリアンダー）と甘い醬油がかけてあった。

特に好きなのは糖心皮蛋《とんさむぺいだん》という、黄身が半生で柔らかく、皮蛋独特のアンモニア臭もないもの。値段は通常の皮蛋よりも高く、賞味期限も短い。

糖心皮蛋に籾殻はついていない。青白く、うす汚れたような色をしている。殻をむくと、黄身がトロッとしていて、一度食べると「これからは糖心皮蛋以外は食べないぞ」と誓いたくなるくらいの美味しさだ。

しかし実は、普通の皮蛋と糖心皮蛋は同じものだそうだ。糖心皮蛋とは、漬け込みが浅く、まだ中心部分が半生の皮蛋のこと。香港の某雑誌の実験によると、作って三〇日の皮蛋はまだ中が柔らかく、四〇日だと、中もほぼ固くなっていたそうだ。だから普通の皮蛋を糖心皮蛋にしたかったら、若い皮蛋を買って、熟成が進まないよう、周りの籾殻を全部取ってしまえばいいという。しかし早めに食べ切らないといけない。

また、良い皮蛋の別称に松花皮蛋《ちょんふぁぺいだん》というのもある。茶色く固まった卵白の部分に、松のような白い模様が浮かんでいるのが高品質だという。

香港人でも知らない人がいる糖心皮蛋を私が知ったのは、油麻地《やうまーでい》に住んでいた頃、近所の卵屋に売っていたからだった。

そこは裏通りにある、間口一間ほどの小さな古い店だった。家族経営らしく、店番はおじいさん、小母さん、お姉さんと日によってまちまちだが、一家総出で店の床にたくさんの箱を並べて、卵を詰めたり、ばらしたりもしている。業者への卸しもしているらしかった。

時々、金髪碧眼の女性が他の家族と同じように床に座って作業をしているのを見かけた。胸元には大きな翡翠を下げている。それが一見、外国人観光客を思わせた。

アジア好きの欧米人女性はよく、大きな翡翠のペンダントを下げているのだ。だから最初はホームステイかなと思ったが、すっかり馴染んでいる様子だ。

冷房もドアもない店は、風のない日など、澱《よど》んだ空気が太陽の熱を受けて、卵の白身みたいにねっとりとまとわりついてくる。そんな日でも特に不快そうでもない。聞いてみると彼女はロシア人で卵屋の息子の嫁であった。

店には中国産の卵、オランダ産の卵、アヒルの卵、ウズラの卵、塩卵、皮蛋など、ひと通りの卵を揃えてあった。

殻が少し青みを帯びているアヒルの卵は、鶏卵に比べ一回り大きいのと、卵黄の割合が多く、色が濃いが味は鶏卵と大差ない。ベトナムのフラン（プリン）はアヒルの卵で作るので色が濃く、美味しそうに見える。塩卵もアヒルの卵を使う。卵黄が大きいからだろう。

ある日、卵を買いがてら店番のおじいさんに

「中国産よりオランダ産が安いけれど、味はどう？」と聞いてみると、彼は吐き捨てるように

「オランダの卵なんて。中国の方がいいに決まっている」と、自社商品であるにもかかわらずそう断言した。それで私はいつも中国産の卵を買うようになった。

そしてこの店で「沙皮狗《さーぺいがう》」が飼われるようになってから、ますます、卵を買いにいくのが楽しみになった。

沙皮狗というのは中国原産の犬で、広東地方産だとも聞く。パグも中国原産だが、沙皮狗は間延びしたパグのようでもある。成長するとブルドッグより二回りくらい大きくなる。体中に皺が寄っていて、子犬は、水木しげるの『悪魔くん』に出てくる「百目《ひゃくめ》」という妖怪の子供にそっくりだ。

ペットショップでもあまり売られることがなく、香港でもよく見かけるものでもないのだが、なぜか私が住んでいた頃の油麻地では、近所の雑穀屋でも市場の果物屋でも飼われていた。

自転車の前の籠に入れられ、前足を籠にひっかけて、ふるふると震えながら大人しく主人を待つ、雑穀屋の沙皮狗を見ながら友人が

「沙皮狗って短命なんだよ。長く生きられない。そういう運命なんだ」

と言うのを聞いて、私はこの、醜いけれども命短いという犬を一層愛らしく思うようになった。

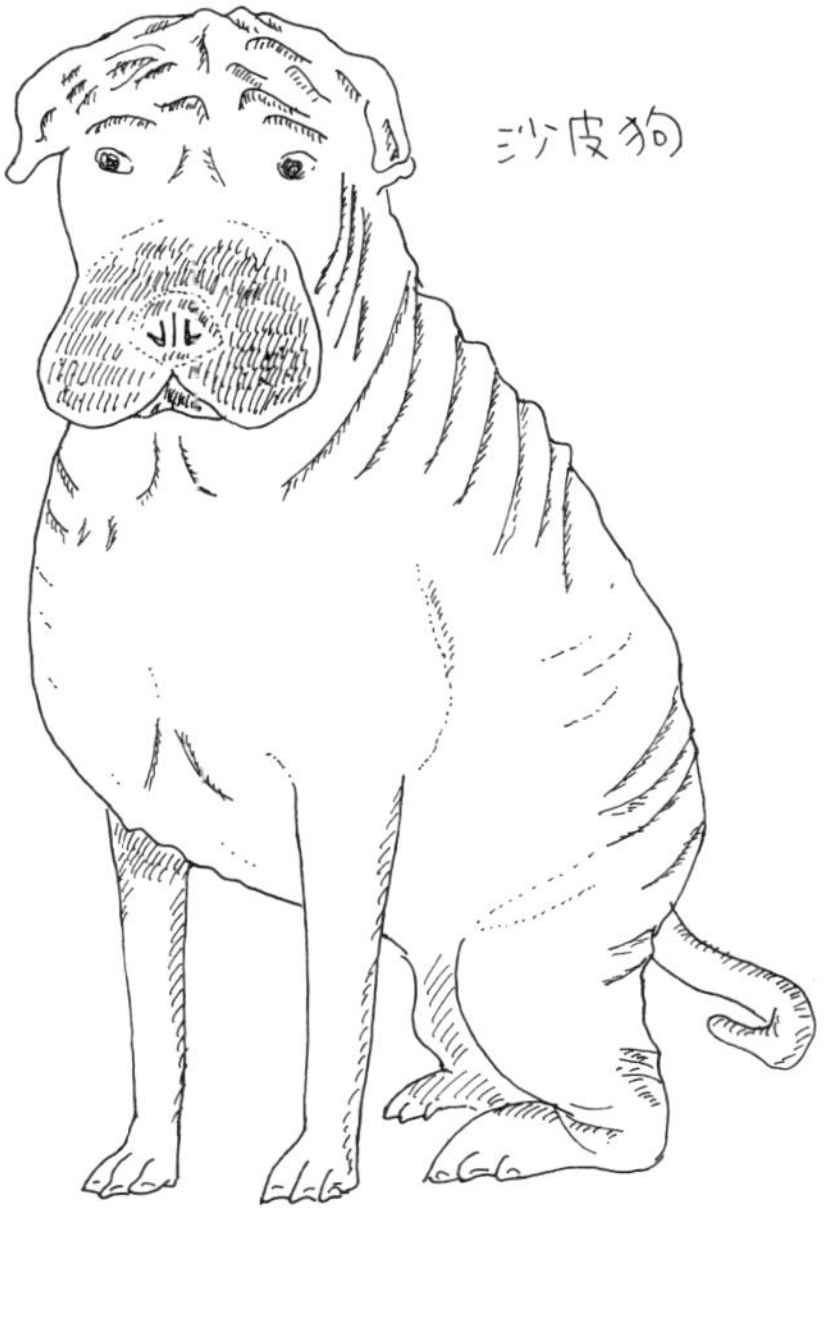

卵を買うついでに背中を触らせてもらうと、サメ肌のようにザラザラしている。沙皮狗とは「肌がザラザラしている犬」という意味である。顔をなでてやると口から泡を吹きながら、喜んで、くるくる回る。

短命だというのは、体中に皺が寄っているせいで皮膚病になりやすいからだと聞いた。だから皮膚病にならないように、体中をこすってやる。

生卵に関しては一時期、日本人の友人と激論になったことがある。私は生卵かけご飯が好きなので、香港でも時々家で食べていた。しかし友人いわく、日本以外の卵は衛生的に問題があるので決して生で食べてはいけない、という。これは根拠のない話でもなく、卵にはサルモネラ菌が混入していることがある。

しかし日本でも卵による食中毒の例はあるし、香港では鍋料理の時、具を生卵につけて食べることがある。だから「香港（または外国）の生卵は絶対に危険」という友人の意見に私は同意することができなかった。ムキになって、アメリカに滞在したことのある農学部出身の友人に連絡して聞いてみた。彼は鶏の研究をしていたので、卵のことも詳しいだろうと考えたのだ。彼の答えは

「一〇〇パーセント安全ということはありえないけど、俺はアメリカでも生卵メシは食べていたよ」というものであった。

生食が前提の食文化を持つ地域と、そうでない地域とでは食品衛生に対する注意深さが違う、

という意見には私も同意するのだ。中国料理には食物を生食する習慣はほとんどない。肉でも野菜でも魚でも必ず火を通す。そのせいか市場の衛生状態は良好、とはいえない。火を通せば、ほとんどの雑菌は死ぬから人々はあまり気にしないのだろう。

しかし香港では半熟の卵はよく食べる。食堂で出てくる目玉焼きやスクランブルエッグも半熟だ。インスタントラーメンや叉焼飯《ちゃーしうふぁん》の上にのせる目玉焼きも半熟。逆にそうでなければちっとも美味しくない。硬い目玉焼きがのった叉焼飯などお断りである。私にとっては、卵が半熟で出てくるかどうかが、食堂の味をみる一つの基準にすらなっていた。外で半熟卵を食べながら、家で生卵を食べない、というのは、なにかナンセンスな気がしたのだ。

しかし、私好みの半熟卵を出す食堂は、料理が上手いのではなく単に、一刻も早く客に料理を出したい、という一種の強迫観念のような気持ちを反映した結果かもしれなかった。早く出せばそれだけ、客の回転率も上がり、店の収益も上がるわけだし。

そして「卵論争」は香港人の友人の一言であっという間に終結した。

「卵を割ってみて新鮮そうだったら生で食べればいいいし、古そうだったらやめればいいじゃないか」

まさに目から鱗……の一言だった。

私はすぐに「一事が万事」でものを考えようとしてしまう。しかし香港ではなんにつけ「ケースバイケース」。臨機応変な対応が吉、なのである。

大切なのは「見極める目」、判断するのは「自分自身」だ。それがたとえ間違ったとしても、次に失敗しないための経験と潔く考えればいい。

そして生卵は食べられる、食べられないで険悪なムードをかもし出している私たちを見て、友人は一体、何をもめているのか、見当もつかなかったに違いない。

＊

周中《ざうちょん》さんの私房菜《しーふぉんちょい》（プライベートレストラン）を訪ねた時にもお土産に糖心皮蛋をもらった。彼はハイアットリージェンシーの高級中国料理店で、一八年間料理長をしていた有名なシェフである。今では東京に「周中菜房／白金亭」という店を持っている。

周さんがホテルを退職後、しばらくして私房菜を開いた時、何度か食べに行った。私房菜というのはレストランの形態をとっていない個人レストランのこと。中国では金持ちがお抱えコックを持つ伝統的な習慣があり、美味だと評判の高い個人宅の食事を「私房菜」といったことが名前の由来という。

香港では返還後、退職したシェフや料理好きの素人が私房菜を開くのが一時、流行になった。アパートの一室を使い、口コミで客を集める。しかし社会現象になるほど広まってからは、消防法や衛生法の問題もあり、飲食店の許可を得て、普通のレストランと何ら変わりのない私房菜も多くなった。

周さんの私房菜は住宅の一室で、彼と奥さんが調理からサービスまでやっていた。テーブルは居間と奥の部屋にひとつずつ。家庭用コンロしかない小さなキッチンで周さんは料理を仕上げてしまう。

ハイアットリージェンシー時代の彼の料理を私は一度しか食べたことがなかった。そこで初めて彼が考案した「パパイヤのフカヒレスープ」を飲んだ。スープは美味しいというよりも珍しかった。蒸したパパイヤはさつまいものような、栗のような味がする。澄んだ上等の上湯《しょんとん》（料理のベースになるスープの中でも特に上等なもの。豚肉、鶏肉、牛肉や中国ハムなどをふんだんに使う）の中に、グレープフルーツの粒を細長くしたような立派なフカヒレ。ヌーベルシノワの旗手と呼ばれた彼の代表作だ。

私房菜の料理はおまかせでメニューはいつも変わるが、このスープだけは必ず出てきた。

食事が終わると、周さんと奥さんもテーブルに座り、お茶を飲みながら話を始めた。

リージェンシー時代に厨房から挨拶をするために出てきた周さんは顔色が悪く、人相もいいとも悪いともいえないと思ったが、お茶を飲みながら彼の話に耳を傾けると、苦労人のようだった。長男で、本当は飛行機のパイロットになりたかった。けれど親の命令で料理人になり、仕事をして兄弟や家族を養ったという。

「昔のコックは住むところも食べるものもあてがわれるし、いつも厨房にいるから洋服の心配も要らない、いい仕事だったのさ」

最初の印象の、いいとも悪いともいえない人相は、苦労が滲んでいるからなのかなと、話を聞きながら思った。

実際、中国料理の料理人というのは大変な重労働だと思う。調理場は暑く、油煙を吸い続けなから仕事をしなければならない。中華鍋から火がたちのぼる様子は、はたで見る分にはダイナミックで迫力があるが、健康を考えたら最悪だろう。

傍らにいた夫人は
「私ね、ホテル時代は主人の料理を食べたことがなかったの」

と言う。

「え？　ホテルへは行かなかったんですか？」

少し意外な気がした。香港では結婚相手や恋人の職場に行くのは珍しいことではなく、むしろ日常茶飯事だ。特に彼が会社の社長や高いポストに就いているなら、奥さんや恋人は堂々と職場に遊びに来る。

「行かなかったわ。主人はそういうこと、嫌いなの。だから人が、主人の料理は美味しいと褒めても、私には分からなかった。でも今は分かるわよ」

小鳥のような、高くて小さな声で楽しそうに話す奥さんの隣で、周さんは笑いながらビールを飲んでいた。

四方山《よもやま》話《ばなし》をしていると周さんに突然、

「皮蛋、好きか？」と私に聞いた。

「はい、好きです」

その日の料理の中にも前菜として糖心皮蛋が出ていた。じゃああげよう、と周さんは冷蔵庫から皮蛋を取り出してきて、くれた。俺は食べないから、と言う。

「なぜ食べないんですか?」
「臭いからさ」
「でもさっき食べた皮蛋は臭くなかったですよ」
「そうだろうな。でも昔の記憶があるから、今でも皮蛋は食べないんだよ」

彼の記憶の中の皮蛋は、粗悪品の安物の、トイレの悪臭のような匂いの皮蛋なのだろう。

これは上環の店で買ったものだと、周さんは店の場所も教えてくれた。香港で皮蛋は甘酢漬けにした生姜の薄切りと一緒に食べる。日本のガリとほぼ同じものだ。彼は自家製の生姜もつけてくれた。家に戻り、近所の卵屋で買った皮蛋と食べ比べてみた。どちらも甲乙つけがたかった。

*

無事に完成した塩卵はまずスープにしてみた。水を沸騰させ、豚肉の小片と葱、崩した塩卵を入れて胡椒で味を整えて出来上がり。北京に留学していた友人から教え

鹹蛋(塩卵)

【材料】
卵10個　花椒(粒)小さじ1　塩160g　水800mℓ

【作り方】
- 鍋に水を入れ、沸騰させてから塩を入れて煮溶かし、火を止めて冷ます。
- 広口瓶に卵と花椒を入れ、静かに塩水を注ぐ。卵が浮いてきてしまうようなら落とし蓋をする。
- そのまま、夏なら10日、冬なら20日ほど置いておくと完成。

※スープに使ったり、ひき肉に混ぜたりと、あると何かと便利な塩卵。意外に簡単に作れる。

てもらったレシピだ。

次に、沖縄料理のチャンプルーを作る時に塩卵を入れたら（その代わり塩は入れない）間に合った。なかなか便利なものだ。

市販の塩卵には黒い泥がまぶされている。塩を混ぜた泥だと思うが舐めてみる勇気がない。同じように勇気がなくて試すことができないのが香港のトイレの水である。

香港ではトイレの水は「鹹水《はむそい》」といい、海水を処理したものを使っていると聞く。水道水は約八〇パーセントを中国大陸からパイプを引いて「輸入」しているので、トイレにまで回す余裕はないのだという。

そのせいだろうか、香港のトイレはすぐに壊れる。トイレの水が本当に塩辛いのか、一度確かめてみたいが、未だに怖くて、舐めてみたことはない。

アリスのスープ

「香港の料理で一番美味しいものは何か？」

と問われたら、私は迷わず「老火湯《ろうふぉーとん》」と答えるだろう。

その味は芳醇で滑らかで、素晴らしい。

相手が香港人なら満足気な顔で「うむ、納得」とうなずいてくれるだろう。あなた、分かっているね、という感じで。

しかし日本人だったら、老火湯とは何か、というところから説明しなければいけない。

老火湯というのは中国南方地方のスープなのだが、日本人が思う中国料理のスープとはかなり様相が異なる。食べたことがないと味を想像しにくい料理だ。

余談だけれど「湯」という漢字は中国語では「スープ」の意味。だから中国人が日本へ来て、銭湯の「男湯」「女湯」という表示を見ると吃驚《びっくり》する、という笑い話がある。

日本人が中国のスープと聞いて思い浮かべるのは、鶏スープに卵を溶いた「卵スープ」や酸っぱくて辛い「酸辣湯《サンラータン》」だろうか。しかし老火湯はまったく違うものだ。特に違う点は二つある。

一つは調理時間。二時間、三時間と時間をかけてじっくり煮込む。そしてもう一つは材料。肉や魚、野菜だけでなく、乾物や漢方材料をふんだんに使う。

時間はかかるけれど作り方は難しくない。

普通の鍋でもできるが、できれば老火湯専用の土鍋を使うのがいい。壺のような形をした土鍋で香港では金物屋に売っている。ひと抱えもある大きなものから、ごく小さなものまで揃う。この土鍋は漢方で生薬《しょうやく》を煮る時にも使うものだ。

基本の作り方はまず鍋に水を入れ、火にかける。沸騰したら材料を入れ、もう一度、煮立ったら弱火にし、そのまま二時間から三時間煮る。嵩《かさ》が半分から三分の一ほどに減っていたら完成。土鍋だと何もせずとも、うまい具合に水が減ってくれる。普通の鍋で作る時は蓋を開けるなどの調整が必要だ。

味つけは、ほぼ完成、という段階で塩を入れる。味はごく薄くつける。

長時間煮込むことで、材料の成分はすっかりスープの中に溶けだしている。

では、どんな老火湯があるかというと、たとえば

「栗子淮山排骨湯《ろっちーわいさんぱいくわっとん》（栗と干した山芋とスペアリブ）」

「苦瓜赤小豆痩肉湯《ふーぐわちぇっしうだうさうよっとん》（苦瓜と小豆と豚肉）」

「西洋菜生魚湯《さいよんちょいさんゆーとん》（クレソンと雷魚）」等々。

どんな老火湯も複雑な味がする。塩味だけれど甘味もある。野菜の甘味、蜜棗《まっじょう》（蜜に漬けこんだ棗《なつめ》）や羅漢果《らかんか》の甘味、さまざまな果物や魚介などの旨味と甘さが舌に残る。

老火湯の味を表現するなら「滋養」という言葉がぴったりだ。そして料理であると同時に「薬」でもある。

老火湯は家で、家族の体質や体調を考慮しながら作る料理なのだ。香港人にとっては「おふくろの味」で、女性は恋人ができると相手に作ってあげたくなる料理だという。

材料の組み合わせは中国医学のセオリーにのっとっており、冬は身体が暖まるものを、疲れている人には滋養強壮効果のあるものを、煙草の吸い過ぎなら肺に良いものを、という具合だ。

香港でよく使う言葉に「値得《じえっだっ》（見合う）」がある。見合うという価値基準は物を買う時にも仕事をする時にも、そして食事の時にも大事な指針となるようだ。

料理なら味と値段が「見合う」か、それ以上でなければ満足しない。人々が高額な料理を、それほどありがたがらないように見えるのはそのせいかな、と私は思っていた。値段が高いから美味しいとは考えないようだったし、逆もまたしかり。

味と値段が見合えば、それで納得もする。

「美味しくて、身体に良い」老火湯は、時間がかかっても「見合う」料理なのだ。だから作るのが面倒でも廃《すた》れずに、誰からも愛されているのだろう。

私も香港では土鍋を買い、ときどき老火湯を作った。私が「家で老火湯作りますよ」と言うと、皆、いろいろとアドバイスをくれた。

「太るのがイヤなら肉は入れないで、野菜だけで作ってもかまわないのよ」

「鶏の足でスープを作る時には爪先を切っちゃダメよ。切らなければ中の脂肪が溶けだささないからね」

主婦はそれぞれに、自分なりのコツや作り方を持っていて、老火湯については特に饒舌になる。けれど、作るのに時間がかかるので、家でも週に一度作ればいい方だと聞いた。またカロリーが高くて毎日飲んだら太るから、そのくらいでちょうどいいのだそうだ。

しかし私も、最初からどの老火湯も美味しいと思ったわけではなく、奇妙な味だと思う老火湯にもいくつも出会った。

たとえば、友人が「マミー（お母さん）が作ってくれたんだ」と嬉しそうに持ってきてくれた「法螺貝《ほらがい》とフカヒレの老火湯」。飲んだ時に鼻に抜ける生臭さに、私は思わず子供の頃、ヤドカリの入ったバケツに顔を近づけた時のことを思い出した。

あるいは、本を見て自分で作った「干し無花果《いちじく》と豚肉の老火湯」。香港人の友人は美味しいと言ってくれたけれど、その味は甘くて、しょっぱくて。私には旨いのか不味《まず》いのか、最初は判断がつきかねた。

けれど、その複雑な味に慣れていくうちに、美味しさが分かってくるようになる。

私が好きなのは小豆や蓮根など、でんぷん質の多い材料を使った老火湯。日本では手に入らないが、沙葛《さーごっ》（葛《くず》の仲間）という硬い芋は、豚肉や小豆と一緒に老火湯にすると、もったりしていて滑らかで、美味。覇王花《ばーうぉんふぁ》（night blooming cereus）という、乾燥させた花を入れたものも美味しい。

干した魚介を入れた老火湯もいい。干し蛸やスルメや、沙魚骨《さーゆーくわっ》（魚の軟骨の干し物）を使った老火湯も、鄙《ひな》びた味がして大好きだ。長洲島などの離島へ行くと干した魚介類を安く売っているので、行くと必ず買い、家で老火湯を作った。

老火湯の美味しさは棗、南杏北杏《なむはんぱっはん》（杏の核）といった副材も含め、乾物独特の滋味や風味に負うところが大きい。だからしみじみ、とか鄙びた、といった言葉を使いたくなる味がする。

さらに、身体に良いと思うと一段と美味しく感じるようになってくるから不思議なものだ。

健康に良いと思うと美味しく感じる、といえば、私にとっては朝鮮人参だ。

ご存知のように、朝鮮人参は高価な漢方生薬だが独特の香りと苦味があり、苦手な人もいるだろう。

私も昔は苦手だった。韓国料理で鶏の腹に糯米《もちごめ》と棗、朝鮮人参を入れて煮込んだ参鶏湯《サムゲタン》という料理がある。以前は食べるたびに、なぜ朝鮮人参を抜いて作らないのだろう、その方がずっと美味しいだろうに、と思っていた。

しかし香港で、私の体質には朝鮮人参がとても良いから食べなさいよ、と中医《ちょんいー》（中国医学の医師）に言われた。それで「身体に良い」と思って食べるうちに、あの苦味と香りがなんだかとても芳しく、美味に思えるようになってきたのだ。今では人参の入っていない参鶏湯など考えられない。

家庭料理である老火湯は、観光客は食べる機会がないのか、というと、もちろんそんな事はなく、料理屋でも食堂でも老火湯を用意している。「例湯《らいとん》（今日のスープ）」は季節に合った万人向けの老火湯。料理屋では土鍋のまま出てくる。碗にとり分け、具は別の皿に盛って出してくれる。この具は食べてもいいけれど、どちらかというと材料を見せる、という意味が強いように思う。食堂では特に頼まなくとも定食についてくる。よく出てくるのは「西洋菜排骨湯《さいよんちょいぱいくわっとん》（クレソンとスペアリブ＝暑気払い）」「花生鶏脚湯《ふぁさんがいぎょっとん》（落花生と鶏の脚＝滋養強壮）」など。大量に仕込むせいか、なかなか美味しい。

そして老火湯に馴染むと香港人の「スープ好き」にも納得がいくようになる。香港人はスープが好きだ。洋食のセットを頼む時、前菜かスープか選べるとしたら、香港人なら十中八九、「スープ」を頼む。

私はスープはなんとなくつまらない気がして、前菜やサラダを頼むことの方が多い。しかし老火湯で育った人々にとってスープは、つまらないどころか滋養がたっぷりの「お得」な料理と感じるのだろう。

＊

私が最初に「老火湯」に開眼したのは、アリスの「青紅蘿蔔湯《ちんほんろうぼっとん》（大根と人参のスープ）」を飲んでからだった。

友人を介して知り合った彼女は最初、私の広東語の先生だった。毎週、家に来て、いろんな言葉を教えてくれた。年齢は二〇代前半。本業が小学校の英語教師だったので広東語も教えるのは上手かった。しかし性格はあまり教師らしくなかった。

お洒落が好きで丸い顔にいつも赤紫色の口紅を塗っていた。教師が髪を染めることは学校で禁じられていたが、夏休みの間だけ明るい茶色に染めて、新学期が始まる直前に黒く染め直したりした。

教師の仕事はつまらないし、生徒はみんなバカでいやになる、とよく愚痴を言った。

彼女は祖母と、離婚した叔母の子供という男の子と三人で住んでいた。母親はすでに亡くなっていて、父親と二人の妹は別に部屋を借りて住んでいるという。母親とは仲が悪かったし、家族ともあまり会わない、と家族のことはほとんど話さなかった。

彼女のように、香港に家族がいるのに疎遠というのは珍しいことだと私は思っていた。皆、結婚するまでは家族と一緒に暮らしているし、親と仲が悪い、という話はあまり聞かなかったからだ。家族が何より大切で、また何より好きで何より怖いのがマミーというのが大方の意見なのだから。

家族の愚痴や悪口を聞くことよりも、ギャンブルやクレジットカードで破産寸前になった兄弟の借金を肩代わりしたとか、親と一緒に住宅ローンを払っているけれど、部屋の数が足らないからソファで寝ているといった、こちらが「大変だね」と言うのもはばかられるような苦労話を聞く方が多かった。

また、ある知り合いの女の子は二〇代中盤で、すでに学校を卒業して働いていたが、突然、外国から、長い間、音信不通だった遠い親戚が訪ねてきた。親戚は「私たち、お金はあるけれど、子供がいない。だからあなたを援助したいの。勉強したいなら、学費と生活費を全部出してあげる」と言われたという。彼女は大喜びでオーストラリアに留学し、今では彼の地で働いている。香港に帰る気はまったくないそうだ。こんな映画のような話が本当にあるのは、やっぱり家族主義の賜物だ。

香港は今も旧暦の伝統を守っており、旧暦の節句はそのまま「家族と一緒に食事をする日」である。そのために節句の日は会社が早く終わる。だから、家族と疎遠、あるいは家庭の事情で離れて暮らしている人たちの孤独は日本の比ではないだろう。

勉強を教えてもらってしばらくすると、私は時々アリスの家にも遊びに行くようになった。彼女の家はエレベーターのない、「唐楼《とんらう》」と呼ばれる古い建物の七階にあった。

夜、照明のない、暗い階段を七階までのぼる時、彼女の祖母がここを毎日、のぼりおりをするとはとても思えなかった。お祖母さんはほとんどの時間を部屋で過ごしているのだろう、と想像した。

唐楼の部屋は私が住んでいたような新しい住宅とは部屋のつくりが違う。内部には仕切る壁がなく、住人が板などで間仕切りをする。間仕切りの上と下の部分はふさがれていないことが多い。新しい住宅は部屋ごとに最初から壁で仕切られている。居間は別として、一つ一つの部屋は小さく、三畳、四畳くらいの広さなので、冷房や暖房を入れる時には効率がいいが、唐楼では冷房も暖房もあまり役に立たなさそうだった。

アリスの家は、トイレや台所と居間を繋ぐ渡り廊下のような部分があり、廊下には壁が半分しかなかった。大雨の日は傘を差してトイレや台所に行くのだろうか、と思った。

香港は人口が急激に増えたのが第二次大戦後なので、高齢者の大半は中国大陸生まれだ。けれどアリスのお祖母さんは珍しく、香港生まれの香港人だった。彼女は日本の占領下時代のことも覚えていて、日本軍が切った中国人の首が、通りにずらっと並べられているのを見て、とても怖かった、などという話を淡々としてくれた。

そんな経験があるにもかかわらず、お祖母さんは私が来ても嫌な顔ひとつしなかったし、料理を作ってもてなしてもくれた。アリスに至っては親日家といえた。藤原紀香や竹野内豊といった芸能人の熱心なファンだった。

アリスは、母親が時々しか会いに来ない親戚の子供を可愛がっていて、休みの日にはビュッフェに連れていったり玩具を買ってやったりと、なにかと面倒をみていた。

そんな彼女がある日、私に

「この前、あの子の誕生日だったから、何か買ってあげる、って言ったの。最初は時計にしようと思ったんだけど、結局、玩具にしたのよ。八〇香港ドルだった。そしたら〝本当は何を買ってくれようとしていたの？〟って聞くから〝時計よ〟〝いくらくらいの？〟〝二〇〇ドルくらいの〟〝じゃあ結局、一二〇ドル分、僕にくれなかったたってことだ〟って言うのよ。子供なのに。嫌になっちゃうわ」とこぼした。

「へえ？　香港でも子供はお金のこと考えるな、って教えるの？」

「それはそうよ」

香港で人々は始終、あれがいくら、これがいくらと、お金のことばかり話題にしていた。だから「お金についてばかり話すのは良くないことだ」という考え方がそもそもないのだと思っていた。

別に、お金について話したり考えたりするのは悪いことではない。しかし頭の中が金勘定ばかりになると、人は「モラル」というものから離れていってしまうのではないか。

私は子供の頃、金銭に関する発言をすると、「子供がお金のことなんか言うんじゃない」としかられた。

そして香港人にも、少なくとも子供は金のことなど考えるべきではない、という考え方はあるのだった。なんだ、同じではないかと、私は少し嬉しくなった。

ある日、アリスが突然、「ひとり暮らしをする」と言い出した。

理由を聞くと、家には毎週のように親戚がやってきて、彼女の収入は学歴から考えるに、もっと高いはずだし、また収入の割に祖母に渡す金額が少なすぎると、毎回文句を言うのが耐えられないのだという。

祖母のおしゃべりにつきあうのも、もう嫌なのよ、とも言った。

親戚の文句なんて聞き流せばいいのに、と思ったが、お祖母さんとの関係もあまり良くないというし、仕方がないのかな、と私はぼんやり思った。

それでも彼女は遠くに越すことはせず、家から歩いて五分ほどの場所に小さな部屋を借りた。

その頃から彼女は少しずつ、太っていったような気がする。

寂しい、という電話が彼女から頻繁にかかってくるようになった。

「寂しいなんて、言っちゃダメ」

私がそう言うと、

「なぜよ？　だって寂しいんだもの。寂しい時に寂しいと、なぜ言ってはいけないのよ？」

と語気を強くする。そう反論されると返事に困った。

声に出さなければ、もやもやと、姿の曖昧な「寂しさ」が、口にしたとたん、はっきり目の前に見えてきて、見ないフリができなくなるというか、ますます寂しくなっていくような気が私はしたのだ。

しかしアリスにしてみれば、自分の気持ちを言語化し、他人に表明することで、寂しさを払拭する何がしかの行動なり、考えなりを導こうということなのだろう。

彼女は少しずつ、太っていった。赤紫の口紅は相変わらずだ。そして定期的に

「青紅蘿蔔湯を作ったの。食べに来ない?」

という電話がかかってくるようになった。

青紅蘿蔔湯は家庭で最もよく作られている老火湯だろう。

多くの人が「好きな老火湯は?」と問われた時に答えるスープだ。効能は肺をきれいにし、胃腸の働きを整える。

材料は青大根(皮が緑色の小さな大根)と人参、豚肉、蜜棗、南杏北杏。

アリスは言う。

「私たち香港人は、小さい頃から老火湯を飲んでいるから、長い間、飲まなかったり、疲れたりしてくると体の中が乾いてくるの。ええ、乾いているという実感が確かにあるの。だから老火湯を飲まなきゃいけないのよ」

彼女の新しい部屋は大通りから脇道へ入った奥にある、団地のような集合住宅だった。隣接した建物のせいで昼間でも陽がまるで射さない。

同じ階の住人が犬を「散歩」させるため、廊下に放つ時間以外(アリスは犬が大嫌いなのだ)はドアが開け放たれ、二重ドアの外側、鉄製の蛇腹の柵だけが閉めてある。

外の音も中の音も丸聞こえだ。長屋のように外も中も、住人は同じ空間感覚を共有している。しかし、だからといって決して仲が良いわけでもない。

部屋の中は六畳ほどの居間にソファ、テレビ、戸棚、ダンボール、パソコン、机などが詰め込まれていて、立つ隙間もなかった。ソファの前のローテーブルにはいつも週刊誌や女性誌が置い

てある。手伝おうか、と声をかけると
「台所が狭いから、いいわ」
と毎回、同じ返事が返ってくる。
ソファに座って週刊誌を読んでいると、アリスがご飯茶碗によそった老火湯を運んでくる。

彼女のスープは材料を惜しむことなく、ふんだんに使っていて、これほどリッチな老火湯を、私は他所で飲んだことがない。

なみなみとスープがよそわれたご飯茶碗を持つと、茶碗はすっかり熱くなっている。

表面がキラキラと黄金色に光り、人参の甘い匂いがふわりと漂う。ひとくち飲めば、豊かで優しい味が広がる。赤ちゃんが飲んでも喜びそう。飲んだらすぐに身体に染み込んでいくようだ。

二人して小さなソファに並んで座り、テレビを見ながらスープを飲む。

章魚赤小豆蓮藕湯（干し蛸と小豆と蓮根のスープ）

【材料】

干し蛸（スルメでもいい）大きいものなら１枚、小さいものなら２枚　小豆80ｇ　豚スペアリブ450ｇ　蓮根600ｇ　生姜の薄切り２片　塩少々

【作り方】
- 小豆は2時間くらい水に漬けておく。干し蛸も水に漬けて柔らかくしておく。蓮根は洗って皮をむき、大き目の乱切りに切る。スペアリブはざっと洗ってから湯通しし、水にくぐらせて冷やしておく。
- 鍋に茶碗12杯の水を入れる（約2400㎖）。火にかけて沸騰したら生姜、干し蛸、小豆、蓮根、スペアリブを入れ、一旦、沸騰したら弱火にして３時間煮る。出来上がった時、水分が半分くらいに減っているよう、蓋などで蒸発する水分を調整する。最後に塩で味をつける。盛りつける時はスープと具を別にして出す。

※滋養強壮、利尿作用、解毒効果がある。

食べ始めると途中でいつも、具を食べるか、と彼女は聞く。食べる、と私は答える。するとアリスは具だけを別の皿に盛ってきてくれる。それを食べながらアリスは毎回、言う。

「老火湯の具は食べない、っていう人もいる。具は出がらし、ゴミだからって。でも私は好きなの。味がはっきりあるもの」

彼女の老火湯はとても濃厚だから具にもその味が染み込んでいて、大根も人参も甘く、温かく、箸で簡単に千切れるくらい柔らかい。

豚肉の筋のところの、何時間も煮てすっかり柔らかくなった小さな肉片を、彼女は箸でせせって、わざわざ私の茶碗に入れてくれる。

「ここが、中国人が一番好きなところ」

彼女はいつも鍋いっぱいに老火湯を作った。四人……六人分はある。おかわりをしても二人ではとても食べきれない。家族みんなで飲むのに、アリスのスープはちょうどいい。

食べ終わると、黄金色のスープを入れた、プラスティックバッグ入りのビニール袋をぶら下げて、私は私の部屋に帰る。

ベジタリアンの来訪

香港で初めて齋《じゃい》（精進料理）の店に入ったのは当時、同僚だったエジプト人に誘われたことがきっかけだった。

香港はイスラム教徒にとっては非常に生きづらい土地柄だ。

「街のレストランにはまず入れない。料理に豚肉が見えなくても、スープに豚を使っているでしょう？ フライドライスにだって小さな豚肉が入っている」

よく彼らは、濃い眉毛を寄せ、不安そうな面持ちで、香港暮らしの不便さをとくとくと語った。毎週金曜日は尖沙咀にあるイスラム寺院に礼拝へ行くという、敬虔なイスラム教徒である彼らは、豚肉を食べることができないのだ。

しかしある日、彼らから食事に行こう、と誘われた。一体、どこへ行くのかと思えば果たしてそこは、仏教徒のための精進料理の店であった。

醬油やオイスターソース、豆腐や椎茸……母国の味からは遠く離れたオリエンタルな味つけや見慣れない食材を克服さえすれば、精進料理店はイスラム教徒にとっても安全を保証してくれる。

香港で精進料理は素食《そうせっ》、あるいは齋という。

仏教寺院で出すところもあるが、どこの街にも、一軒くらいは精進料理店がある。香港で最初に店舗として開店した素食の店は灣仔《わんちゃい》の「東方小祇園」。一九一八年（三五年の説もある）創業という。

精進料理店は一見、普通の食堂とほとんど変わりはないが「齋」という文字で、それと分かる。そして一歩、中に入ると「ほ〜にゃらら、ほにゃらら、ほ〜いほい、は〜れ〜」と、仏教音楽独特の音色が聞こえてくる。

その調べは、日本の念仏やお経とは、まるで違う。陰気臭さがまったくない。妙に明るく朗かである。蠱惑《こわく》的である。

しかしなんだかクセモノである。子供やネズミをひきよせた「ハーメルンの笛吹き」の笛の音は、もしかしたら、こんな感じだったのでは？

仏教は紀元前五世紀頃、インドで発生し、中国、朝鮮を経て日本にも伝わった。日本では檀家制度をとったため、葬式は一般的に仏教式で行う。

しかし香港で、日本の仏教的なポピュラリティを得ているのは道教。仏教は自らが選んで信仰するもので、仏教徒の数はそれほど多くはない。九五年に行われた調査によると、自分は仏教徒と答えた人は全体の一一・六パーセント。一番多かった答えが無宗教で六〇・二パーセント。道教は一五・三パーセント、キリスト教は一二・九パーセントだった。

では精進料理店の客が皆仏教徒かというと、もちろんそんなことはない。店は万人にその門戸を開いている。そして香港の菜食主義者は仏教徒に限らない。たとえば道教で、観音を信仰している人も毎月、肉を食べない日があるという。道教には關帝、観音、天后など、たくさんの神様がいて、一人の神様を信心することを広東語では「契《かい》神《さん》」という。

中でも、観音様は特に人気が高い。観音信仰のタブーの一つは牛肉を食べること。そして月に数日、決まった日には肉を断つことになっている。

また私のように、宗教的なシバリがなくても精進料理が好き、という人はいる。だいたい女性だ。男性から「齋を食べに行こう」と言われたことはない。「齋なんて食べた気がしないから嫌だ」と言われたことはある。

肉は使わないが油はたくさん使うので、あまりヘルシーとはいえない。肉や魚を他の材料に変えているだけ。しかし食べた後に、お腹がもたれないのがいいところだ。

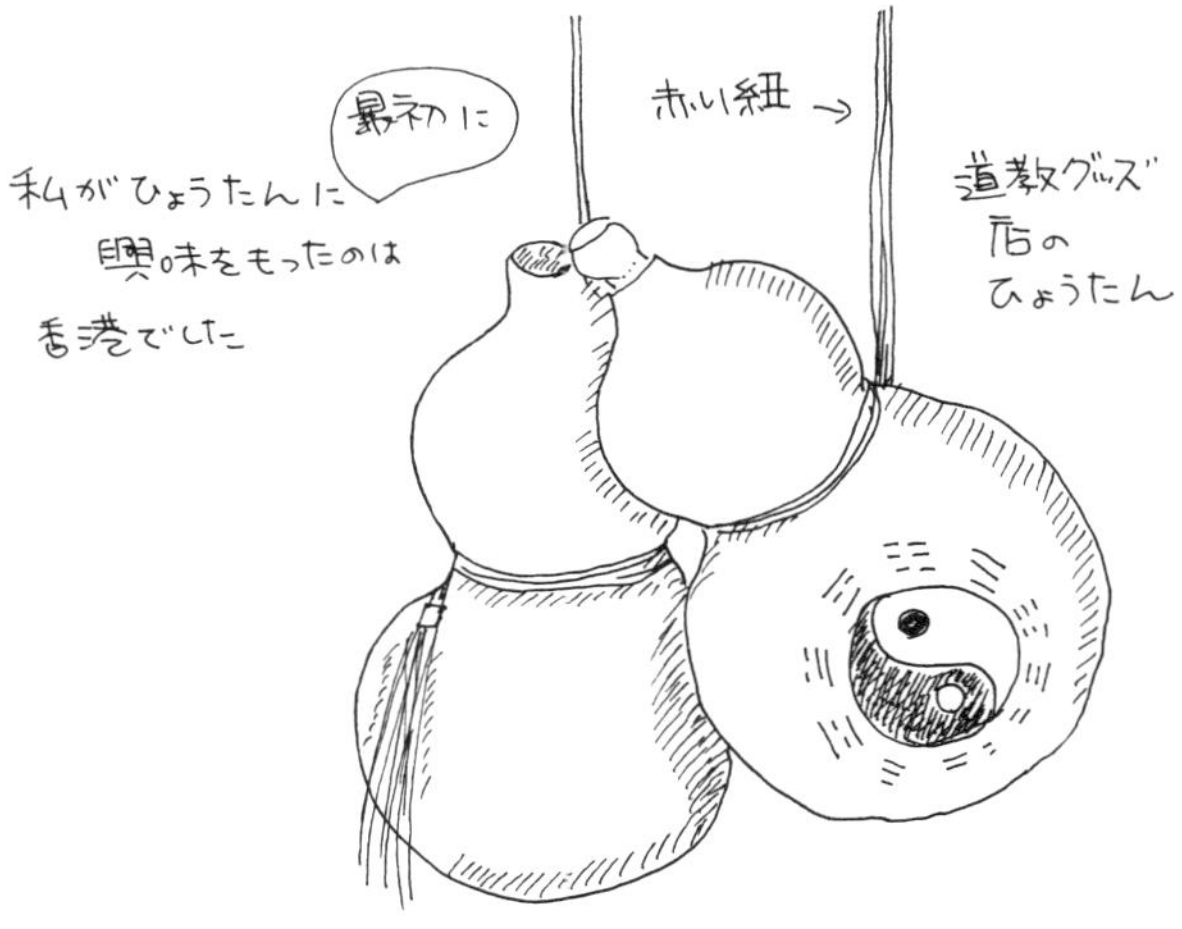
最初に
私がひょうたんに興味をもったのは香港でした
赤い紐→
道教グッズ店のひょうたん

日本の精進料理と香港のそれは内容がだいぶ違う。日本の精進料理は「素材の味を活かし、なるだけ自然をそのままに食べる」ように心がけている。

対して香港の精進料理はアーティフィシャルなこと甚だしいのだ。芋を潰して魚の形にし、揚げてあんをかけた「芋頭魚《うーたうゆー》（揚げ魚）」、湯葉を何層にも折りたたんで揚げた「齋焼鴨《じゃいしうあっぷ》（アヒル肉）」、グルテンを薄く伸ばし「イカ」に見立てた「素海鮮炒麺《そうほいしんちゃうみん》（海鮮焼ソバ）」……。

本物の「肉」や「魚」にどれだけ近づけるか……。中国の精進料理には人々の知恵と努力が結集されている。

そんな料理を食べるたびに、これぞ中国のエスプリというものだと、私は興奮する。思うに、中国人は自然のものを、そのまま愛でるのを良しとはしないのだ。なんでもかんでも人の手を加えないと、気がすまない。纏足《てんそく》しかり、宦官《かんがん》しかり、だ。人間だって頑張れば仙人にもなれるし、神様にだってなれる。道教の神様もまた、多くが元は人間だった。その神をも恐れぬ積極性は、常に一歩控えて、自然を畏怖し、わびさび、センチメンタルを好む日本人とは決定的に違う。だから物凄くエキゾティックだ。

中国の精進料理の中で私の好物は、「咕老肉《ぐーろうよっ》（酢豚）」。甘酢味というのは、どうやっても洗練されない、品のない味だといつも思うのだが抗《あらが》えない。肉の酢豚も大好きだ。

それに「肉」を何で作ってあるかも楽しみだ。グルテンを揚げている店もあれば、揚げた小麦粉団子を使う店、または小麦粉に胡桃を混ぜて揚げた肉など、いろいろな工夫がある。

一般の料理屋にはなくて、精進料理店だけのメニューもある。百合根とスナップエンドウの炒め物など、素材の甘さが引き立ってとても美味しい。

「三寶《さんぽう》」という冷製は、「がんもどき」ならぬ「チャーシューもどき」、「アワビもどき」だ。一〇センチ弱の円形に作った油揚げを、砂糖や醤油、ケチャップ、カレー粉、食紅などで味と色をつけ、なんとか「食べられるもの」にまで昇華させてある。

これを美味しいといっていいのか悩む。しかし慣れとは恐ろしいもので、口寂しい時につまむと、もう少し食べようかな、という気になる。

また「和合二仙」、「紅豆如意湯」などという縁起の良い名前がついていると、一体、何の料理かよく分からない。特に正月の特別料理はどれも縁起の良い熟語だらけで、料理の中身はまったくうかがいしれない。頼んでみると普通の野菜炒めだったりする。

そして実は普通の食堂にも、仏教徒が寺に寄与した料理が始まりという「羅漢齋《ろうほんじゃい》」なる精進料理があるのだ。椎茸、人参、青梗菜《チンゲンサイ》、生姜、さやえんどうなどを、干し椎茸や人参でとったダシで煮て、塩、醤油で味つけする。これを白飯か、炒めた麵の上にかけて食べる。

私が精進料理を食べたいなと思う時は、飽食が続いて胃が弱っている時、または「いろいろあって」心身ともに弱っている時、なんとなく「精進したいな」という時である。

たまに菜食したからといって、普段の行いが帳消しになるわけではないが、時には善男善女のフリもいいではないか。

明るい仏教音楽を聞きながらの、にわかベジタリアン。店を見渡せば、似たような「善男善女もどき」でいっぱいだ。

＊

ある日、友人のKさんから電話があった。

「今ね、香港に来ているんだよね、チベットへ行ってきた帰りなんだけどね、麻里ちゃんが暇なら会いたいと思ってね……」

ほうっておくと永遠にしゃべっていそうな気配がする。それで私は、夜、佐敦《じょうだん》で会いましょうと約束し、電話を切ってから、しばらく考えた。

Kさんとは私が一〇代の頃に知り合っているから、もう二〇年近いつきあいだった。年齢は知らないが、私よりも二〇歳は上だと思われる。

知り合った頃、彼はライブハウスの暗がりでミュージシャンを撮るカメラマンだった。しかしながら、精神病院に入退院を繰り返しているというもっぱらの噂だった。それは多分、本当だったと思う。知り合ってから時々、我が家に泊まりに来ては、夜中に大声で叫ぶ。叫んでおいて、本人は「あー、怖かった」と、小声で言って、また寝てしまう。後で聞くと全然覚えていないらしい。

カメラマンの後は土方をやったり、焼芋の屋台を引いていたりしたが、近年はチベットに凝っているという噂だった。また風の便りに、田舎の親が亡くなって、かなりの財産をもらった、という話も聞いていた。

Kさんはうちに泊まりたいのかな？　しかしルームメイトの恵美のことを思うと、とても泊めることはできない、と非常に友達甲斐のないことを考えていた。

Kさんの容貌はまるでホームレスそのものなのだ。お風呂は入らないし、トイレも綺麗に使えない。彼が帰った後はトイレの周りを掃除するのが大変だ。叫ぶ「病気」は治ったらしいが、ソファに寝たら、しばらくは匂いが消えないだろう。個人的には長いつきあいだし、不安はないが、彼を知らない恵美にしてみたら恐怖であろう。彼女が帰ってくるのは毎日、深夜だ。夜中、ドアを開けたら居間にホームレスが背中を丸めて寝ているのでは……。

だからKさんがうちに泊めてほしそうだったら、申し訳ないがきっぱり断ろう。いや、断ることなんて、できない。香港はホテルがものすごく高いんだから。でも恵美にはなんと説明しよう？　今夜、うちに浮浪者みたいな人が泊まるけど、友達だから心配しないで、か？　考えがまとまらないうちに約束の時間が来た。

佐敦の交差点は尖沙咀とともに、きっと誰もが頭に思い浮かべる〝香港〟という風景だ。

鮮やかなネオンと巨大な看板。鯨を思わせる、古くて長い巨大ビル群、たくさんの小窓。埃っぽい道、あふれる人々、頭の中が「キーン」と鳴りそうな騒音、雑音、人々の声、タクシーやミニバンの排気ガス……。

佐敦の交差点にある中国百貨店、裕華《ゆーわー》の前にKさんはいた。

一月だというのにサンダル履きで、首にはインドの布を巻いている。半分歯のなくなった口を開け、以前と変わらず薄笑いを浮かべている。元気そうだ。

そして隣には、背広に縞のシャツを着た、派手ともいえるし、地味ともいえそうな、妙に艶っぽい男性が立っていた。

「この人はね、Yさん。僕、すぐ近くにあるゲストハウスに泊まることにしたんだよね。Yさんもそこに泊まっていて知り合ったんだよね」

私の心配は杞憂であったことが会って早々に分かり、安堵した。

Kさんはベジタリアンだ。私は二人を近くの精進料理の店へ連れていった。

Yさんは、年は五〇歳を過ぎているだろうか。オールバックの髪、太い縞のシャツ……。バックパック旅行が好きで、しょっちゅう、アジアを旅しているのだという。

胡散《うさん》臭さでは一見、Kさんを上回るかと思いきや、実はKさんの方が一枚上手であることは、「ほ〜にゃらら、ほ〜にゃらら」といういつもの仏教音楽を聞きながら茶を啜《すす》り、二人の会話を聞いていれば、すぐに分かることとであった。

Kさんは今、金がないのだ。私は事前に予測していたから今日は奢るつもりでいた。しかし彼は、私に奢られるのも「悪い」と思っていてYさんを「カモった」のである。Kさんはそういう気遣いはできる人なのだ。

Yさんは……たぶん、どこかの「極小ボンボン」なんだろう。家が煙草屋で働かなくても暮らせる、くらいの。金はあるのだ。ものすごくあるわけではない。一日八〇〇円だかのゲストハウスに泊まっているのだから。でもあるのだ。少なくとも香港の街の食堂で三人分の食事代とビール代を払うくらいは。

背広でバックパッカーというのも、なんとも奇妙な風貌だった。背広は今にも風に吹かれて散らんとする、枯葉のような「社会性」か……縞模様のシャツというのも、同じくらい危うい「洒落心」だろうか。バックパッカーならバックパッカーらしく、ジャージでもはいていて欲しいものだ。

対してKさんは浮浪者に見えるし、ヒッピーにも見える。そういう風に見ると、Kさんがカテゴリーに収まる「凡人」に見えてくる……。

一方、Yさんは、世界のどこにも属していないように見える。だからこちらに不安と一抹の哀しみを与えるのだ。

私がYさんに一抹の哀しみを感じたのは、Kさんにカモられるようじゃなあ、という、同情心もいくらかあったかもしれない。たぶんYさんは、旅に出ても、出なくても、誰にも関心をもたれないのだ。だからこんな、頭のいかれたオヤジに引っかけられるのだ。なんだか弱肉強食の末端を見るようである。嫌だなあ。

Yさんは嬉しそうに、そしてちょっと偉そうに、旅行の体験談をビールを飲み飲み、話し続ける。

Kさんは、人の話などまったく聞かない普段のマイペースぶりもどこへやら、「太鼓もち」よろしく、同じようにビールをくぴくぴ飲みながら、上手に褒めて調子を合わせている。私は――Kさんの「友達」であるから、ここは――適当に話を合わせるしかない。

そうこうしているうちに、頼んだ野菜炒めと焼ソバが来た。

焼ソバには小さな長方形に切った、板状のグルテンの片側に、細かく切れ目を入れた「イカ」が入っていた。それはとても綺麗にできていて、どこか「一反《いったん》もめん」のようでもあった。大変美味しかった。

すっかり気分が良くなって、ご機嫌で食事代を払ってくれたYさんをゲストハウスまで送り届け、私たちは汁粉屋へ行った。KさんはYさんがいなくなって初めて、チベットの話をはじめた。私が

「お金、ちゃんと持ってチベットへ行ったわけ?」と問いただすと

「持っていったよ。けっこう持っていたんだよね……すぐ使っちゃったから、すぐなくなっちゃったけどね」

「なんですぐに使っちゃうの?」

どうしても口調が、責め立てるお母さんのようになってしまう。

「なんかね、知り合ったのがいい奴らでね、楽しかったからね、使っちゃった……。でね、チベットに行ったら、喧嘩ばっかりしてね……」

うふふ、と楽しそうに仮は笑い、紅豆沙《ほんだうさ》(小豆汁粉)をぐずぐずと、さも美味しくなさそうに食べる。

チベットではKさんがYさんだったわけである。やはり弱肉強食の末端である。それもメビウスの帯のようにヨレている。

「ひとさまの国まで行って、わざわざ喧嘩なんか……。やだねえ」と、これまたお母さんのよ

うに私は不満を述べた。

「そう、うふふ」

Kさんはいつも、蚊の鳴くような声でしゃべる。しかしよく、いろんなところで喧嘩をしているらしい。私は一度も見ていないが、実は短気で乱暴者らしい。長い間、肉体労働をやっていたせいか、体は痩せているのに、腕は筋肉隆々としていて、驚く。

彼がベジタリアンになったのは一体、いつからだったろう？　もう長いこと続いている。ベジタリアンというのは……なんといったらいいのだろうか、元々の「熱量」が高い人がなるのだな、と私は直感的に思ったものだった。

普通の「熱量」の人、すなわち普通の人は、肉を断つと、元気がなくなったり、ヤル気が失われたり、闘争心が

素咕嚕肉（ベジタリアン酢豚）

【材料】
クルミ150ｇ　パイナップル１切れ　ピーマン、パプリカ、各１個　油少々
［**肉もどきの材料**］小麦粉50g　コーンスターチ大さじ２　ベーキングパウダー小さじ１　水130㎖　油小さじ２　揚げ油
［**調味料**］ケチャップ、砂糖、各大さじ２　酢大さじ１　コーンスターチ小さじ½　塩、胡麻油、胡椒、各少々　水大さじ４　炒め油

【作り方】
- 肉もどき用の小麦粉、コーンスターチ、ベーキングパウダー、水、油をよく混ぜて30分ほど置いておく。
- クルミは塩を入れた湯で２分くらい茹で、水気を切ったら生地に混ぜる。一口大ほどに丸めたら、油で揚げる。
- ピーマン、パプリカは種を取り一口大に切る。パイナップルも同じ大きさに切っておく。フライパンに油を熱し、パイナップル、ピーマン、パプリカを入れて軽く炒める。
- 調味料と、肉もどきを入れて１分間ほど煮込んで出来上がり。

※肉もどきは、クルミ入り小麦粉団子の他に、グルテンで作っても美味しい。

なくなったりして、現世を生き抜くには、いろいろと不都合なことが出てくるものなのである。仏教徒や観音信仰者は不足分を「信仰」で補っているからいいとしても、ノンポリのベジタリアンというのは、そうそう続くものではない。

Kさんは一見、弱々しいけれど、実は腕っぷしが強いように、たぶん「熱量」が高いのだ。真夜中に叫ばずにはいられないくらいに。だから肉を食べなくても元気いっぱいだ。冬なのにサンダル履きで、チベットまで行って喧嘩してくる。

しかし後日、友人からコトの詳細を聞いた。Kさんはダライ・ラマを敬愛するチベット支持者なので、中国と中国人が大っ嫌い。よってチベットへ行っても、中国系の商人を見ると、すかさずわざと意地悪をしたり、喧嘩を仕掛けたりするのだそうだ。

あまりにも子供っぽい行動なので感心はしないが、Kさんの喧嘩には理由があったのだった。私は彼が、何の考えもなく、酒に酔って暴れているだけかと思っていたから、この話を聞き、私はちょっとだけ反省した。そして

「ダライ・ラマもベジタリアンだったっけか」とぼんやり考えた。

懐かしの西多士《フレンチトースト》

「元朗《ゆんろん》へ行ったことがないのなら、行くべきだよ。僕も以前はよく行っていた」

「行ったことはある。古い町でしょう？　客家《はっか》の家がまだ残っている」

「そう、元朗のいいところは古い文化が残っているところさ」

「じゃあなぜ、今は行かないの？」

「元朗に通っていた頃、僕はこう思った。今行かないと、古いものはどんどんなくなってしまうって。僕にとって今や元朗は古いものがだいぶなくなってしまったんだ。でも君は違うさ。君は今、だ。これから先もどんどん、古い文化はなくなっていくんだぜ」

「ねえ、古い文化って何？」

「何って……たとえば魚蛋《ゆーだん》（おでん）の店で、買う前に味見させてくれる、とかさ」

友人とこんな会話を交わした時、その答えには思わず笑ってしまった。

元朗に限らず、返還前から現在に至るまで、香港の変貌のスピードは加速するばかりで一向に衰える気配がない。老朽化した建物は丸ごと、通りごと、街ごと、みるみるうちに取り壊され、高層ビルにすりかえられる。

なぜそんなに急いで壊すのか？　ある人がこんな風に説明してくれたことがある。

「子供が親に、自分を立派に見せたいように、古いものは駄目なものだと、どんどん壊してしまうのさ」

この場合、親は中国で子が香港、ということだ。

消えていくのは建築だけではない。食べ物も、昨夜まで当たり前のように存在していたものが、ある日、忽然と消えてしまったかのようになくなってしまうことがある。そして恐ろしいのは、その移り変わりがあまりにも素早く、また日常的なせいで、消えてしまったことにすら気がつかないことだ。


ある土曜日の午後、友人とバスに乗って、以前見かけた福建料理の食堂へ行こうと、土瓜灣《とくぁわん》へ出かけた。

福建料理と聞いても日本人はどんな料理か想像しにくいかもしれない。北京の北京ダック、上海の上海蟹といった、誰でも知っている名物料理も見当たらない。

日本では知られていないが、香港では九〇年代に流行した「佛跳牆《ふぁってぃうちょん》」というスープがあった。ふかひれ、鮑《あわび》、ナマコなど、高級海鮮乾物をふんだんに使い、蒸して仕上げる。当時はどのレストランでも出していたが、今は出す店を探すほうが難しいだろう。

そして今頼んだら財布だけでなく胸まで痛んでしまいそうだ。かつての、景気の良かった時代を思い出して。

私が福建料理に関心を持つようになったのは、友人の里帰りに便乗して旧正月、厦門《アモイ》へ行ってからだった。

正月にお邪魔したので毎食、手作りのご馳走が並んだ。元旦の朝には白く濁った、濃厚な鶏スープ麺が大盛りでよそわれた。朝食をたくさん食べる習慣がないので少し困ったが、友人に小声で「縁起物だから、食べて」と言われれば、食べないわけにはいかなかった。

中国では麺は長命の象徴だ。鶏の味が濃厚でとても美味しい麺だった。

そしてお腹いっぱいになると、お父さんがあらかじめ調べておいた縁起の良い方角を回りながら、皆でぞろぞろと散歩をしたのも、今では懐かしい思い出だ。

小麦粉の皮に、鶏肉や野菜を巻いた「福建春巻」や、野菜を湯葉で巻いて揚げた「五香巻」といった福建料理は一見、地味だけれど、とても美味しい。日本人向きの味だとも思う。厦門では香港では使わない桜海老そっくりの干し海老や青海苔、昆布まで使っていた。福建料理は美味しいものだとその時に思った。

その中でも印象深かったのは土筍凍《とうそんどん》だ。沙蟲《さーちょん》という海に生息するゴカイの一種。見た目は白いミミズのようであまり気色の良いものではない。中に入った砂やゴミを綺麗に掃除し、茹でて冷ましたものに赤い唐辛子のタレをつけて食べる。

この環節動物は広東では禾蟲《うぉーちょん》とも呼ばれ、卵と一緒に蒸し焼きにする。だから驚いたのはゴカイを食べることではなく、その味だった。味、というよりも香り、といった方がいいだろうか。磯の香りにあふれていて大変に美味だった。

今まで食べた禾蟲には味と呼べる味は感じられなかった。香港の福建料理屋で食べた時も同様。しかし厦門のものはサザエやナマコのような磯の風味が素晴しい。率先してパクパク食べ、美味しい、美味しいと言うと、友人のお母さんは

「いつも同じ店で買うのよ。タレもついてくるから、私は買ってきて並べただけ」と笑った。

香港にも福建系の住民はいるが、料理屋は少なく、食堂が数軒あるだけだ。食材なら北角《ばっこ》の市場に、薄い干し海老や青海苔に似た岩海苔、小さな剝き牡蠣といった福建独特の食材が売られている。

しかしそのことに気づいたのは厦門に行ってからのことで、他で見たことのない食材があるなとは思っていたが、それが何なのか気にしたこともなかったし、また知ろうとも思わなかった。人は、自分の知っているものしか視界に映らない、または記憶しないという傾向があるように思う。だからそれが何たるかを知らなければ、また知ろうとしなければ、見たところで、すぐに忘れてしまうのだ。

土瓜灣は再開発が始まっているが、まだ下町の風情を残している。地震のない香港では二〇階建、三〇階建の高層住宅は珍しくない。けれど土瓜灣から九龍城《がうろんせん》にかけては、かつて近くに空港があった関係で低層の建物が多かった。

隙間なく、ぴったりと連なっている古い住宅群は長い、巨大な一つの建物のようにも見える。空母のような住宅群の間の、陽射しを遮られた裏通りは迷路のようだ。九三年に九龍城砦が解体された後、住人たちは深水埗《さむそいぽう》、觀塘《くんとん》などの下町に移り住んだといわれていた。

不法移民やスネに傷持つヤクザ者、あるいは裸一貫で大陸からやって来た新移民、一人暮らしの老人……下町はいつでも彼らに門戸を開いてきた。土瓜灣もそんな古い街の一つだ。

ぎっしりと立ち並ぶ建物群のせいか、人の多さのせいか、裏通りのこもった湿気のせいか、歩いていると、何か「グワァーン」という、不思議な音とも、熱気ともいえない音が聞こえてくるような錯覚に陥る。

それは錯覚ではなくて、単に古いクーラーのモーター音かもしれない。歩道に絶えず降ってくる、クーラーの水滴。誰も把握しきれない、たくさんの数の人間が動いたり、じっとしていたりする、そんな気配が感じられるようだ。

私たちが行こうとしている福建料理屋も新移民が開いた食堂だと思われた。持ち帰りが主のような、小さな食堂は新移民が始めていることが多かった。

記憶を頼りに店へたどり着いてみると悲しいかな、福建料理屋はなくなっていた。

こういうことは……私にはよくあることである。行ってみると定休だったり、消滅していたりする。

「だいたい、野村さんが好きな店は潰れる傾向にある。次はあまり好きにならないように」

友人はもう慣れている、といった顔で私に訓示をたれた。
それまでも私が好きだった北方風の羊の串焼きを食べさせる食堂（若き王丹《うおんたん》〔天安門事件の学生リーダーの一人〕に似た、北方の平目顔の青年がやっていたのも気に入っていた）だとか、水商売のお姉ちゃんばかりが集まる安いタイ料理屋だとか、横丁の糖水屋《とんそい》だとか、なぜかことごとく、なくなってしまう。私の好みはあまり一般的でないとはいえ、やはり悲しいことではある。生まれた日でも悪いのだろうか？

期待を裏切られた私たちは、とりあえず休憩しようと、ぶらぶら歩いていると、冰室《ぺんさっ》と書かれた店を見つけた。冰室（喫茶店）という名前がすでに古めかしい。

お茶や軽食を出す冰室、あるいは餐室《ちゃんさっ》と呼ばれる店は、一九〇〇年代初頭から香港には沢山あったそうだ。今は茶餐廳《ちゃあちゃんてぃん》（食堂）と銘打つことが多い。

元朗に通っていた友人のようなデザイナーやカメラマンの中には、古い店を愛好する趣味人もいて、地元の雑誌でも時々取り上げられていた。

しかし土瓜灣の店は雑誌でも見たことがなかった。まさに穴場というものではないかと、長らく雑誌のライターをやってきたおかげで、習い性になっている一種の冒険家精神（私が最初に見つけた、というヤツだ）を発揮して中に入っていくと、誰も紹介していない理由が分かった。猫の小便の匂いがひどい。

この匂いから食べ物はまるで期待できない、と思ったが、とりあえず「熱奶茶《いっないちゃあ》（ミルクティ）」と「凍檸茶《どんれんちゃあ》（アイスレモンティ）」、そして「西多士《さいとーしー》」を一つ頼んだ。

西多士とは西洋のトースト、という意味で、ガイドブックなどでは香港のフレンチトーストといわれるものだ。

背の低い、老けた青年といった感じの男の人が黙って注文を受けた。客は私たちの他には誰もいない。

あらためて店の中を眺めれば眺めるほど、この店が完璧な五〇年代スタイルだということに気づく。

天井の大きなプロペラの扇風機、ネオン管の入った丸い時計、モザイクタイル張りの床……。ウォン・カーウァイ（王家衛）の映画に使われてもおかしくない雰囲気だ。調理場とフロアは木の壁で仕切られており、壁に開けられた小窓から食べ物が出てくる。

しかしインテリアなど一文の価値もない、というように、あちこちに無造作にダンボールが積み上げられており、その上に置かれた二つのテレビが、それぞれ大きな音を出して、違う番組を

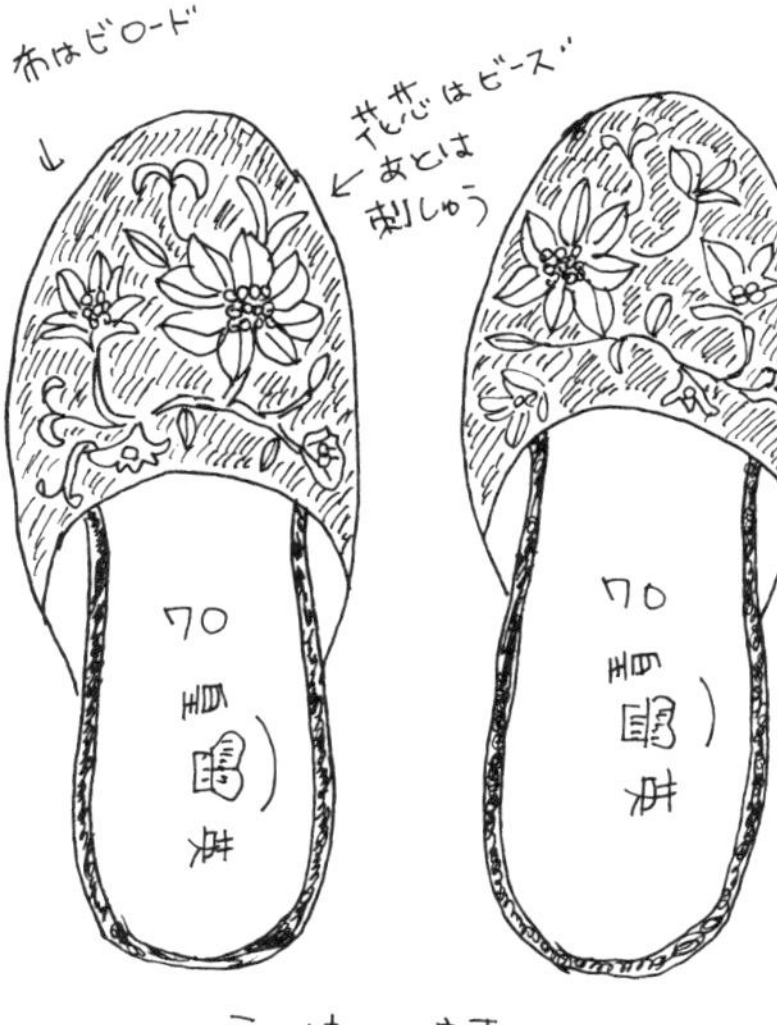
王家衛の映画に
でてきそうなスリッパ

流している。

そして、まず出てきたミルクティを飲んで、私はハッとした。

一般に香港では、ミルクティにはエバミルクを使い、紅茶は煮出すため、粘るような後味が残るが、それがない。牛乳を使っているのかと思ったがそうではなく、単に水っぽく薄いせいだった。友人に聞いてみるとレモンティも薄いので飲みやすい、という。

次に西多士が運ばれてくると、さっきまでの「食べ物は期待できない」という予想は、見事にくつがえされた。猫の小便の匂いをかき消す、香ばしい香り。黄金色の西多士は、ぱりっと縁だけ少し反り返っている。上にたっぷりかかっているのは乳白色のコンデンスミルク。普通ならついてくる砂糖蜜は見当たらない。

この西多士を見て私は突然、思い出した。香港に住みはじめた頃、よく食べていた西多士はこれだった、と。

パンを卵に浸し、油で焼いてコンデンスミルクをかけただけの西多士。好物だと思っていたのに、すっかり忘れていた

西多士（香港風フレンチトースト）

【材料】
サンドイッチ用食パン２枚　卵１個　バター、コンデンスミルク、各適量

【作り方】
- 卵をほぐし、食パンを浸す。フライパンにバターを熱し、両面をよく焼く。皿に盛ってから、コンデンスミルクをかけて食べる。

※よく「香港のフレンチトースト」と称されるが、牛乳を使わないのがフレンチトーストとの違い。

のは、いつからか、どこで頼んでもピーナッツバターが挟んであるようになったからだ。

ピーナッツバターは油で焼く西多士にはクドすぎる。坊主憎けりゃ袈裟《けさ》まで憎い、で砂糖蜜も気に入らない。砂糖を煮つめた蜜なんて。かぶと虫じゃあるまいし。

コンデンスミルクがけの西多士はすでにひと昔前のレシピであり、いつの間にか消えてしまっていたのだ。

思いがけず西多士を思い出したのだから、土瓜灣まで来たかいがあった、と満足しながら食べていると、テレビの上で何かがむくり、と起き上がった。それまで、店中に漂う強烈な匂いの主を確認できなかったのだが、それは二匹いて、小さなテレビの上に重なるように、寝ていた。

雲呑麺と南乳

誰もが知る香港の料理といえば、飲茶の點心《でぃむさむ》とマンゴープリン、そして雲呑麺《わんたんみん》だろうか。

小麦粉の皮に肉や野菜を詰め、スープで煮た雲呑と、細くて黄色いちりちり麺。香港の雲呑には豚肉だけではなく海老も入れる。中国では一般的に餛飩《フントン》と呼ばれ、湖南、湖北辺りで生まれた料理だ。

ちなみに、餛飩を唐辛子や山椒を入れたタレで和えたものが四川の雲呑「抄手《チャオショウ》」、福建や台湾では「扁肉《ピエンロウ》」と呼ぶとか。

雲呑という名前の由来は「餛飩」の広東語音を当てたという説と、もう一つ逸話がある。餛飩を口に入れた女性が「熱い、熱い」と口を開けた時に出た湯気が、まるで雲のようで美しい。それを見ていた屋台の主人がこの食べ物を「雲呑」と命名した、と。なかなか風雅な逸話ではないだろうか。

戦前、広州の屋台で流行った雲呑麺が香港にも伝わり、戦後、急増したという。今、雲呑麺を出すのは麺屋や食堂だ。六〇年代までは大、中、小のサイズから選べたそうだ。だから今でもサイズが選べる店があったら、そこは古い店だ。

雲呑の具は豚肉と海老。海老は、本来は赤米蝦《ちぇっまいはー》という川海老を使う。体長三センチほどの小さな海老で、市場へ行くと洗面器に入れて売っている。赤米蝦だけでなく、香港では基圍蝦《げいわいはー》（ヨシエビ）、大頭蝦《だいたうはー》（テナガ海老の一種）などの淡水海老は値段が安く、よく食べる。

大頭蝦は名前の通り、頭部が大きく、手が青い。私は市場で大頭蝦を眺めるのが好きだった。がさごそ、がさごそと、たらいの中を動き回り、むやみに水を跳ね飛ばしている大頭蝦を見るのは、なんとなくいい気分だった。見た目はフランスのランゴスティーヌに似ているが味は締まりがなく、頭が大きいばかりで身が少ない。それでも私は大頭蝦を愛する。

また「あいつは大頭蝦」といえば忘れっぽい奴、という意味。大きな頭は空っぽで味噌など望むべくもないのだ。

雲呑麺の細くて固くて、ちょっと輪ゴムみたいな黄色い麺は日本にはないタイプ。材料は小麦粉、卵、かん水。水は使わず、小麦粉に卵とかん水を混ぜて作る。

伝統的にはアヒルの卵を用いるが今はたいてい鶏卵だろう。

昔は麺づくりには竹を使った。材料をこねる時、長い竹を上に置き、全身の体重を竹にのせ、少しずつ竹を移動させて打つのだ。

スープには豚骨、大地魚《だいでぃゆー》（平目の干物）、干し海老、蝦子《はーじー》（蝦仔ともいう。乾燥させた淡水海老の卵）などを使い、仕上げには黄韮《きにら》を散らす。

しかし、たいていの店は化学調味料の入れすぎで舌にベタつくし、後味もよろしくない。日本のラーメンのようにスープを全部飲む習慣はないせいか、味が多少悪くてもあまり気にしないらしい。

なぜスープを飲み干す習慣がないかといえば、レンゲを使うからではないだろうか？日本ではほとんど必要性を感じられないレンゲだが、香港では必需品だ。箸の次に大事。テーブルについて、レンゲがないと不安になる。

中国式のテーブルマナーでは碗に直接、口をつけていいのはご飯茶碗だけ。麺を食べる時には右手に箸、左手にレンゲを持つ。器を持ち上げてはいけないし、麺も啜ってはいけない。ずるずると音を立てるのは行儀が悪いことだ。箸で麺をすくい、レンゲで適当な量にまとめてから、箸で口に運ぶ。これなら汁をあちこちに飛ばす心配もない。慣れると、器を持ち上げるよりも楽だと思うようになった。

しかしレンゲでは一度にすくえる量は多くないので、麺のスープはまず飲みつくさない。どうせ捨ててしまうものに手間ひまをかけるようなことはしないのだろう。

もちろん例外もある。一九六八年、中環《ちょんわん》（セントラル）で屋台として始まったという老舗、麥《まっ》奀《がん》の雲呑麵は化学調味料を一切使わない。大地魚をふんだんに使ったスープには、吸い物のような香気がある。その代わり、値段は普通の店の倍。材料をケチらないので、その分コストが高くつく、ということだろう。

＊

ある日、友人とお昼を食べようと、油麻地の小さな食堂に入った。店の前に蒸籠《せいろう》があり、オカズが数種類、四角い金属バットに入って並んでいる。同じ通りにある板金屋や新聞スタンドの中継ぎ店で働く人々が利用する、典型的な街の古い食堂だ。客は全員、街坊《がいふぉん》（地元の人）、というよりも、おそらく全員、顔見知りだろう。旅行者にはまず勧めない類の店だ。

ティピカルな雰囲気は十分だが料理はあまり美味しくはない。かといって不味くもない。でも安い。そして居心地も決して良くない。繊細な人なら、ちょっとめげてしまうくらい。

店員の愛想が良くないだけでなく、ちょっともたつくと「はあ？（何？）」と言われてしまう。この「はあ？」は日本人にものすごく、嫌な印象を与えるのだ（香港人も嫌な気分になるが聞きなれているせいか、それほどダメージは受けないそうだ）。

大きな丸テーブルで私たちと相席になった青年は、上半身裸で、筋肉質の体には蒼い、綺麗な刺青《いれずみ》が入っていた。現代風の幾何学模様ではなく、かといって龍や観音でもない、ちょっと不思議な模様のようだった。

私たちは、「排骨盅飯《ぱいくわっちょんふぁん》（スペアリブのせ蒸しご飯）」と「蒸牛肉球《じんあうよっかう》（牛ひき肉の蒸し団子）」、そして「糯米鶏《ろうまいがい》（鶏入りのおこわ）」を頼んだ。そのとき後ろのテーブルに座っていたおばあさんに小皿が運ばれてきた。何かとたずねると、「蒸煎豆腐《じんじんだうふー》（焼き豆腐）」だという。それももらうことにした。

こんな食堂では、ひき肉団子といったって牛肉よりも混ぜ物の方が多く、まるでおでんを食べているようだ。蒸煎豆腐は、豆腐の上にひき肉、魚のすり身と大根の漬け物がのっていて、鄙《ひな》びた味がした。皿に溜まった汁が赤い。南乳《なむゆー》を使っているせいだ。

南乳は豆腐を紅麹《べにこうじ》で発酵させた調味料で、味も使われ方も味噌に近い。たとえば「南乳猪脚《なむゆーじゅーぎょっ》」。甘くて独特の香りのある南乳入りの調味料で煮込むと、豚足の臭みが気にならなくなる。

「粉絲雑菜煲《ふぁんしーざっぷちょいぼう》（春雨と野菜の煮込み鍋）」に南乳が使われることもある。雑菜とはいろんな野菜、という意味。キャベツや瓜類、その時にある野菜を刻み、干し海老、春雨と一緒に煮る。何の変哲もない地味な料理だが、節瓜《ちっぐぁ》や勝瓜《しんぐぁ》など、夏の瓜類を使ったものは香港らしい。

「南乳鶏《なむゆーがい》」は南乳で下味をつけた鶏のから揚げ。揚げると南乳の香りは飛び、旨味は残る。塩麹みたいな感じだ。

古い広東料理「沙葛扣肉《さーごっかうよっ》」も南乳を使う。沙葛は茶色く球状の芋で、身は硬く、生はまるで材木か何かのよう。この沙葛と豚のバラ肉を交互に並べ、醬油、南乳、五香粉や酒を加え、一時間以上蒸すと、豚の脂を芋が吸い、肉は適度に脂っぽさが抜け、芋には豚の脂が染み込む。これも鄙びた美味しさ。大好きな料理の一つだ。

「南乳餅《なむゆーべん》」は南乳入りのビスケット。最初は、えー？　南乳のお菓子？　と驚いたが、食べてみるとちょっと味噌パンに似ている。これも「懐かしいお菓子」。下町で売っている類のものだ。

このように、南乳を使う料理は古い料理であることが多い。中でも新界《さんがい》（ニューテリトリー）名物、「盆菜《ぷんちょい》」はイギリス統治以前からあったという、元祖香港料理である。昔々、北方からやってくる偉い人をもてなすために、手に入るすべての材料を鍋に入れて煮込んで作ったご馳走が、盆菜の始まりといわれている。

この、昔々から香港に住んでいた人々の末裔は、現在、新界に住んでおり、彼らは「原居民《ゆんこいまん》」、彼らが住んでいる処は「村《ちゅん》」と呼ばれる。原居民には今でも特典があり、長男には「村屋《ちゅんおく》」という小さな家が与えられると聞く。住宅の値段が東京よりも高い香港で、これは相当な優遇対応である。

この原居民が村の祝いの時に食べる伝統料理が盆菜なのだ。

作り方は簡単。茹でた豚肉と海老、葱、野菜などの材料を切って大鍋に放り込み、軽く炒めてから醬油、砂糖、陳皮《ちんぴ》、そして南乳を入れ、グツグツ煮込んで出来上がり。海の幸、山の幸など、いろいろな具が入っているので豪華だが、味つけがすべて同じで、かつこってりしているので食べているうちに飽きてしまうきらいもある。

私は新界のとある村で盆菜の宴に参加させてもらったことがある。誘ってくれた友人と一緒に地下鉄とバスを乗り継ぎ、村に着いてみると、田んぼがあり、牛がのろのろと歩いている、まことにのんびりした場所だった。

田んぼの畦《あぜ》を歩いたりしているうちに、盆菜の用意ができ、野外でいただいた。そして食べ終わると、どこからともなく花火がごっそり出てきた。

日本だったら、野外で食事をしてから花火、というのは自然な流れかもしれない。しかし香港で花火は正月の爆竹で死者が出てからは、一般人が花火をするのは一切、禁止されているのだ。

花火は大陸から買ってきたという。新界ではちょくちょく、こうしたご禁制品を楽しんでいるらしい。

「花火はダメ？　香港政庁が決めた？　あたしら、政庁ができる前から香港に住んでんだよ！」

という感じで、村はなんとなく、アンタッチャブルなムードを醸し出している。

やはり村は違う、と花火の燃えカスを無造作に畦道に捨てながら、私は思った。

そして原居民ではないが、私の身近にいたアンタッチャブルな雰囲気を持つ人々といえば、油麻地の食堂で同席したような刺青の青年たちだった。

油麻地には刺青をしている人が実に多かった。多いというより、上半身裸でいる人が多いから刺青が見えてしまうことが多い、というのが正しいかもしれない。

ではなぜ半裸の人が多いかというと、住んでいた住宅の隣に果物市場があったからである。

毎日、夜の一〇時くらいになると、ごろごろ、ごろごろ、ごろごろ、という音が聞こえてくる。ごろごろ、ごろごろ、ごろごろ……。男たちが台車で果物を運ぶ音だ。

昼間に見ると、汚いバラックか何かにしか見えない果物市場なのだが、夜になるとトラックで運ばれてきた果物の箱が道にまで積み上げられる。西瓜にマンゴー、ライチにドラゴンフルーツ……。真夜中、人気がない道にずらりとダンボール箱が並ぶ。盗《と》っていっても分からなさそうだが、実はどこかできちんと見張っていたのかもしれない。

果物を運んでいる男たちは一年のほとんどを上半身裸で作業している。裸の胸には、観音様などが彫り込まれた、綺麗な翡翠がぶら下がっていた。

果物は案外、重いのだろう、働いているのは若者が多く、夜中に働くから、日焼けはあまりしていない。ビール腹の小父さんもいなくはなかったが、大抵は痩せた筋肉質の男性だった。

見事な刺青を施している人も珍しくはなかった。まだ幼さが残っている一〇代とおぼしき若い男の子の肩から腕にかけて、びっしりと、見事な龍。眼鏡をかけた、のび太みたいな丸顔の少年の背中に観音様。

マンションの敷地内にあるスーパーで、よく彼らとすれ違った。絵柄が龍や観音では、彼らはどう考えてもヤクザの構成員だろう。けれど私は、彼らが嫌いじゃなかった。飲みものなどを片手に、足早に店を出る彼らとすれ違うと何か、不思議な風が吹くような気分になった。

そして油麻地の食堂で注文した時も、私の「排骨盅飯」の発音が悪く、店員が聞き取れず嫌な顔をした時、それまで黙々と食事をしてい

鮮蝦雲呑（海老ワンタン）

【材料】

ワンタンの皮20枚　豚ひき肉100ｇ　海老80ｇ　水少々　チキンスープ600㎖（市販の中華チキンスープで可）

［調味料］ 醤油、砂糖、コーンスターチ、塩、胡麻油、胡椒、各少々

【作り方】

- 海老は殻と背ワタをとり、塩水で２度洗って臭みをとり、水気をふき取ってから、30分ほど冷蔵庫で冷やす。
- 豚ひき肉に調味料を加えてよく混ぜ合わせ、海老も加えてさらに混ぜてから、冷蔵庫で30分冷やす。
- 皮で餡を包み、チキンスープで３、４分煮る。

※スープは香港では、大地魚という干物や蝦子などを使うが、日本では手に入りにくいので、中華のチキンスープで。最後に黄ニラを散らしても。

た刺青青年が顔を上げ、静かな口調で代わりに正しく発音してくれた。
やっぱり、油麻地の刺青青年に悪い人なし、と私は思ったものだった。

黒草羊の冒険

初めて食べる物は、たとえ不味いと思っても何度か試すべきと私は思っている。なぜなら一〇代で初めてナチュラルチーズを食べた時のことをはっきりと覚えているからだ。

あれはカマンベールだったのか、それともブルーチーズだったのだろうか。口に放り込んだ途端、私は思わず吐き出してしまった。これは食べ物じゃない、石鹸だ。そう思った。

これは脂肪酸の匂いからの連想と思うのだが、味はまったく覚えていない。覚えているのはその驚きだけ。石鹸の味と言われてピンとこない人は一度、石鹸を齧《かじ》って……ではなく、シェーブルチーズ（山羊乳から作ったチーズ）の味をもっと強烈にした感じを想像してもらえば良いか。

どんな匂いのチーズでも食べてしまう今となっては、自分のこととは思われないくらいだ。しかしこれは大いなる教訓だった。味覚とは極めて個人的で、それは経験や環境、状況などのさまざまな要素で変わっていくものだということを、この経験を通して私は初めて意識したのだ、と思う。

＊

冬、夕方から夜にかけて廟街《みうがい》を歩いているとよく、どこからともなく何かの糞のような、腐った卵のような、不気味な匂いが風に乗ってやってきた。

匂いの正体は臭豆腐《ちゃうだうふー》だ。元々は上海料理という。強烈に匂うので出す料理屋はあまりない。屋台で食べるものだ。クサヤといい勝負の匂いがする。

実際、臭豆腐とクサヤは作り方もよく似ているようだ。長年使い続けた発酵液に、内臓を取り除いた魚を漬けて作るのがクサヤ。臭豆腐も水分を抜いた豆腐を発酵液に漬け込んで揚げる。伝統的な発酵液の製法は、藁を入れた水に魚肉や豚肉、芫茜《いむさい》（コリアンダー。香菜）の茎などを加えて四、五ヶ月、自然に発酵させるという。発酵液の中で豆腐の蛋白質が分解し、あの独特の香りが生まれるのだそうだ。

納豆は本来、藁につく納豆菌や乳酸菌で発酵させていた。発酵液に藁を入れる臭豆腐は納豆の親戚といえるかもしれない。

そして納豆も臭豆腐もクサヤも食欲のわく匂いではないが、口に入れてしまえば案外、いや、とても美味しい。

屋台では、揚げたてに唐辛子のソースをつけて食べさせる。見た目も食感も厚揚げそっくりだが、もっと旨みがある。軽やかな、いい味だ。

しかし食べたいなと思っている時は街を歩いていて、この匂いがしてくると嬉しいが、その気がない時は迷惑だなあ、と思う。人間とは勝手なものだ。

高温多湿の香港では、「臭さ」は一種の刺激になり、食欲をそそる味つけにもなる。たとえば離島で作られている「蝦醤《はーじょん》」は、銀蝦という小さな海老に塩を混ぜて発酵させた地元の調味料だ。そのままだととても生臭いが、火を通すと生臭さが独特の旨みに変わる。豚肉と一緒に蒸したり、鶏肉にまぶして揚げたり、野菜炒めにも使う。香港人が「懐かしい」という「大馬站《だいまーじゃむ》（馬車が集まる場所、の意味）」は皮つきの豚肉と韮、豆腐を蝦醤で煮込んだ一品だ。

名前の由来は清朝末期まで遡る。両広総督（広東省・広西省の総督）だった張之洞《ちょうしどう》が仏山を訪れた時、屋台で食事をした。その中の一品が美味だったので料理名を尋ねたが、張之洞の部下は広東語が話せず、屋台のある場所、「大馬站」を料理名と間違えて彼に伝えた。張之洞は総督府に戻ると、料理人に同じ料理を作るよう言いつけ、名前を大馬站と呼んだことから、この名で呼ばれるようになったのだという。

＊

では臭豆腐も美味しく食べられる今、苦手なものがないかというと、私は「油鴨《やうあっぷ》」が苦手。アヒルの干物である。アヒルを丸ごと一羽、羽と内臓をとりのぞき、平たく伸ばして、塩と調味料に漬け込んでから乾燥させたもの。

冬になると琵琶のような形の油鴨が店先に並んでいる風景が見られる。その姿はなかなか壮観で、どことなく楽器屋のようでもある。
　内部はまだ水分が残っているので柔らかく、スープや煮込み料理に使う。一羽丸ごとだけでなく、腿《もも》肉だけ、あるいは腸や砂肝まで干物にして売っている。砂肝はスープに、腸は白米と一緒に炊いておかずにする。腸ですら捨てない、というところに中国の肉食文化の迫力を感じる。

　しかしこの油鴨は「石鹸味」なのだ。鼻に抜ける脂の香りがまさに石鹸。冬の煮込み料理「茘芋油鴨煲《らいうーやうあっぷぼう》（油鴨とウベ芋のココナツミルク煮込み）」なんて、考えるだけで憂鬱になる。ココナツミルクと油鴨の組み合わせは本当にもう、石鹸そのものではないか、と言いたくなる（ヤシ油は石鹸の原料でもある）。

　しかしこれも、まだ私が美味しい油鴨に出会っていないだけの話かもしれない。そう心を広く保てるのは潤腸《ゆんちょん》のおかげだ。

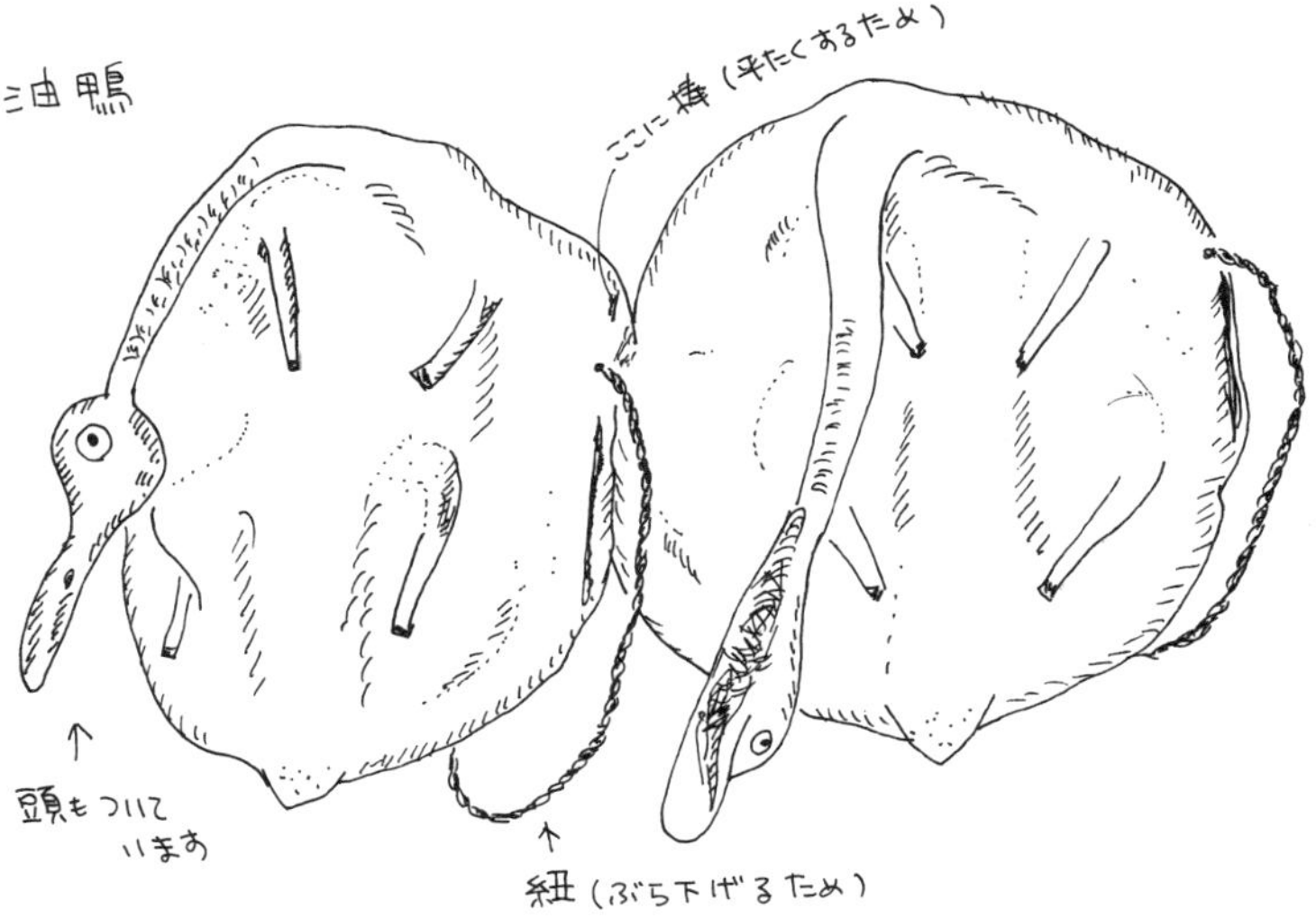

潤腸はガチョウや豚のレバーと血を詰めた、中国式のブラッドソーセージだ。見た目は臘腸《らぷちょん》（広東式ソーセージ）と同じようだが、臘腸が赤いのに対し、潤腸はドス黒い。

私は長い間、潤腸が嫌いだった。臭みがあるし苦いから嫌、と思っていた。

しかしある時、とても美味しい潤腸を食べてからは大好きになった。良い潤腸は「フルーティ」としか形容できない、香りの良さと味を持っていることを知った。柔らかくて香りのいい潤腸と臘腸は、冬のご馳走の一つ。米と一緒に炊いたら、芳しい脂がご飯に染みこみ、ピカピカ光ったお米も愛おしい。

＊

何でも、まずは食べてみること、といいながら、実は香港でずっと避けてきた料理が一つある。「黒草羊煲《はっくちょうよんぼう》（黒草羊の煮込み）」である。

長い間、あえて確かめなかった。しかしほぼ確実だと思っていた。だから断固として自分で頼むことはしなかった。「黒草羊煲」は羊と書いてあるが、あれは山羊だ。

冬になると油麻地あたりでは「黒草羊煲上市（黒草羊鍋はじめました）」という貼り紙が目につくようになる。

市場へ行けば肉屋にも「黒草羊アリマス」の札。店先には、陰気な灰色をした細身の肉がぶらり、とぶら下がる。

大きさはちょうど中型犬くらい、一メートルくらいか。厚みは豚の半分ほど。体を温めると評判のこの肉は、冬の風物詩的に人気がある。

夜も早い時間から、屋台のテーブルで、グツグツ煮えた黒草羊の鍋を前に、お父さんがビールを飲んでくつろいでいる……というのは冬ならではの、ちょっと微笑ましい光景だ。

その鍋は一見、モツ煮込みのようにも見える。モツ好きな私としては、見た目はつい食欲をそそられる。しかし風にのって流れてくる香りには、何か不吉なものを感じる……。

黒草羊煲の作り方をみると、肉は皮ごと使い、湯葉、馬蹄《まーたい》(黒グワイ)、レタス、筍、椎茸などを一緒に煮込む。調味料は腐乳《ふーゆー》、焼酎、唐辛子、油、南乳《なむゆー》、オイスターソース。このラインナップを見ても、いかにもクセがありそうだ。毒をもって毒を制す、ではないがクセのある食材は濃い味つけで食べることが多い。

私は山羊肉が好きではないのだ。沖縄のヒージャー汁、山羊の刺身、ゴートカレー……。何度も食べているが結局、好きになれない。山羊のチーズはまだしも、肉は嫌だ。山羊を食べると一〇代のチーズの思い出が蘇る。

もちろん今後、「美味しいじゃないか!」といきなり、山

馬蹄粉

馬蹄糕という
お菓子を作る時に
使いますが、
片栗粉の代わりに
使うと、独得の
食感が良いのです

羊に目覚めるという可能性を完全に否定はしない。しかし、とても自分から積極的に食べようという気にはなれないのだ。

羊は好きだ。香港では羊肉をあまり食べないが、湯葉と一緒に、あるいはカレー味の煮込みなどにする。しかし灰色の黒草羊は見た目からして羊には見えない。

というわけで、いつまでも遠巻きに眺めていたい黒草羊だったが、ある日、スーパーでその正体は難なく分かってしまった。

冷凍庫に並べられていた黒草羊の徳用大袋パックに英語で「GOAT MEAT」と書いてあったのだ。

羊と山羊は味も見た目もだいぶ違うが、中国語で羊は「綿羊」、山羊は「山羊」で同様に「羊」と表記する。黒草羊は食用としては中国で一番ポピュラーな種類だそうだ。毛が黒い山羊なのでこの名があるという。

やっぱり山羊か……正体が分かってちょっとほっとした反面、ますます食べたくない！　という気持ちを強くしたある日、工業ビルの食堂でうっかり、豚肉と間違えて黒草羊の湯葉煮込みをとってしまった。

工業ビルというのは、工場が集まっている工業大厦《ごんいっぷだいはー》（インダストリアル・ビルディング）と呼ばれる建物のこと。今ではすっかり深圳《さむちゃん》や東莞《とんぐぁん》にお株を奪われたとはいえ、香港は長い間、生産拠点としても栄えていた（プラスティックの造花「ホンコンフラワー」は香港で作られていたことから、その名がついた）。

香港島の柴灣《ちゃいわん》、九龍の牛頭角《あうたうごっ》や茘枝角《らいちーごっ》、新界《さんがい》にもたくさんの工業ビルがあった。しかし現在は多くの工場が中国へと移り、工業ビルも取り壊して再開発……というお馴染みの動きが始まっている。

古い工業ビルには他の場所とは違う、独特の雰囲気がある。古びた灰色の建物にはどこか、返還など永遠にやってこないと思われた、香港の「古き良き」時代の匂いが染みついているような気がする。

そして大きな工業ビルにはたいてい一階に食堂がある。素っ気ない丸テーブルと椅子。プラスティックの碗とレンゲと箸。床は清潔だが時々、べたべたしていたり、つるつる滑ったり、消毒剤の匂いがぷんと鼻についたりする。同僚と一緒に和やかに食べている人たち、一人で黙々とご飯をかきこむ人たち……。私は工業ビルも、食堂も好きだった。

大馬站（豆腐と豚肉の蝦醤煮込み）

【材料】

木綿豆腐１丁（水切りしてから８つくらいに切る）　韮½束（５㎝くらいに切る）　豚バラ肉の塊200ｇ（香港では豚を皮つきのまま塩をして焼いた焼肉と呼ばれる肉を使う）　蝦醤大さじ１（溶かすためのお湯大さじ１）　生姜の薄切り３片　水100㎖

［調味料］

塩小さじ１　醤油（生抽《さんちゃう》→114頁参照）小さじ１　砂糖、油、各少々

【作り方】

- 小鍋（土鍋でも）に油を入れて熱し、豚肉の表面を焼いてから韮を入れ、軽く炒めてから、一旦取り出す。
- あらためて鍋を熱し、蝦醤、豚肉、韮、生姜、調味料、水を注ぎ、最後に豆腐を加えて軽く煮込んで完成。

昼食時はバイキング形式になる。バットに入れてズラリと並んだ一〇種類くらいの惣菜の中から二、三種類選ぶと、店のおばちゃんがご飯を盛った皿にのせてくれる。これに飲み物かスープか、あるいは両方、選べる。値段は安く、味も決して悪くない。大量に仕込むせいか、スープなどは濃厚で旨い。

惣菜は、卵と木耳《きくらげ》の炒め物、青菜の炒め物、苦瓜と豚肉の炒め物、甘酢味のスペアリブ、スペアリブと豆豉《だうしー》の蒸し物、等々……。しかし料理名はどこにも書いていない。誰でも知っている、お馴染みの料理しか並んで置いてないからだ。そこに並んでいるのだから黒草羊もまた、皆から愛されていると認めねばなるまい。

仕方がないので一口食べてみると、腐乳でこってり煮込まれた黒草羊は想像通りの石鹼味。タチが悪いことに湯葉にもしっかり味が染みついていて、湯葉だけ選んで食べてもつらい。ほうっておくと、他のオカズやご飯にまで「石鹼」が侵食してきそうで怖い。

もはや完食することはできない……早々に白旗をあげた私は、隣で食べていた友人に食べるかと聞くと、彼は嬉しそうに「食べる、食べる」と、温かくて柔らかい、灰色の物体をそっくりそのまま、自分の皿にごっそりと移した。

「黒草羊、嫌いなの？　俺は好きだねえ、旨いねえ」と言いながら、実に美味しそうに食べはじめる。

それを眺めながら私は改めて、味覚というのは極めて個人的なものであると、思うと同時に溜息がでた。

叉焼の愉しみ

中国語には二種類の「漢字」がある。

中国内で使われているのは簡略化した簡体字。香港と台湾で使われているのは繁体字である。

繁体字は一画なりとも省略されていない。字によっては画数が異様に多い。複雑怪奇で覚えるのが難しく、誰にでも書ける気がまったくしない。簡体字は識字率を高めるために作られたというが、繁体字の複雑さを考えるとなるほどと思う。

しかし繁体字は、見る分には大変に美しい。漢字とは本来、こうであるべきだと感じ入る美しさが繁体字にはある。

「チャーシュー」は繁体字では「叉焼《ちゃーしう》」と書く。似ているが、微妙に違う。日本のチャーシューと香港の叉焼も、似て非なるもの。日本で暮らす香港人が懐かしく思い、同時に文句を言うのがこのチャーシューである。

「チャーシューは叉焼じゃあない。あれは煮豚です」

チャーシューは豚肉の塊を醤油、酒、生姜などの煮汁で煮て、冷めたものを薄く切って食べる。

叉焼は煮ない。焼くのだ。叉焼とは「刺して、焼く」という意味なのだから。

醬油、酒、水飴を混ぜた汁にしばらく漬けておき、金具で肉を引っ掛け、専用の釜に吊るして焼く。水飴を使うのは砂糖を使うよりもコクが出るからという。以前はどの店でも着色料を使い、真っ赤に仕上げていたが、最近は健康志向で自然な茶色の叉焼が増えた。

焼きあがったら、さらに吊るす。こうすると表面の水分と脂分がほどよく抜け、外は適度に歯ごたえがあり、中は柔らかい叉焼に仕上がるという。

漬け汁になくてはならないのが玫瑰露酒《むいぐぁいろうざう》という、ハマナスの花の香りをつけた甘い蒸留酒。この酒の香りが叉焼の香りといってもいい。

*

叉焼を作るには専用の炉が必要なので、香港では家庭で手作りすることはない。焼味《しうめい》（ローストした肉の総称）の店に買いに行くのだ。仕事帰りに主婦は叉焼を買って、おかずを一品増やす。焼鵝《しうごー》（焼きガチョウ）、焼鴨《しうあっぷ》（焼きアヒル）も店先に吊るされている。叉焼の焦げた端っこから、ぽたり、ぽたりと、脂まじりの甘い蜜が、肉をつたって下に落ちる。

そして肉の脇には磨り減った、木のまな板と包丁。注文を聞いてから肉をフックから外し、量って、ぶつ切りにしてくれる。

焼味の店には（脂で）きらきらした美味しそうなものがたくさんある。

乳猪《ゆーじゅー》（焼き子豚）、白切鶏《ばっくちっがい》（茹で鶏）、焼肉《しうよっ》（焼き豚）……。どれも日本ではあまり馴染みのないものだ。

焼肉は皮つきの豚肉の塊に塩をして焼いたもの。そのまま食べるだけでなく、野菜と一緒に煮込んだり、炒めたり、白米と一緒に炊きこんだりして食べる。

子豚を焼いた乳猪は、宴会に必ず登場するご馳走だ。薄い皮はパリパリと香ばしく、とっても美味しい。思い出すだけで口の中で唾液がたまる。

北京ダックは名前の通り、北京名物であって香港ではダックよりもガチョウやアヒルをよく食べる。家禽類には「梅醬《むいじょん》」という梅で作った甘いジャムのようなソースをつけて食べる。梅の味が脂っぽさを中和させてくれる。

私も焼鵝は大好きだ。香港での好きな食べ物ベスト一〇に入る。梅醬をたっぷりつけて、ご飯にのせて食べるのは至福のひととき。唇が脂でテカテカになる。

白切鶏は鶏を丸ごと一羽、ゆっくり水煮してから冷ましたもの。万能葱と、生姜のみじん切りに、熱した落花生油と塩を混ぜたタレをつけて食べる。

このタレは、私にとっては思い出深い味だ。

もう二〇年以上前になる。香港に住む前に初めて、香港の家庭でご馳走になった時に、このタレと、ぶつ切りの白切鶏、焼鵝、叉焼が一緒くたに盛られた皿が出てきた。

住人たちは焼鵝だろうが叉焼だろうが、かまわず、タレにつけてご飯をかきこんでいた。団地の六畳くらいの部屋で、丸いテーブルを囲んで十数人でご飯を食べた。

今では夢のようにおぼろげな光景だが、この、生姜と葱と塩と油の味はずっと覚えている。焼味はハレの日にもケの日にも登場する、まさに広東料理を代表する料理だと分かったのは、暮らし始めてからのことだった。

*

叉焼を使った料理では、刻んだ叉焼を入れた「叉焼包《ちゃあしうぼう》（チャーシュー饅頭）」や、叉焼を具にした腸粉《ちょんふぁん》もお馴染みだ。しかし私は、なんといっても「叉焼煎蛋飯《ちゃーしうじんだんふぁん》」の熱狂的なファンである。

これに入れこんだのは勤めていた会社の近くに、旨くて安い店があったのだ。

古い店だった。床がタイル張りで、昔の床屋みたいなつくり。店先で商品を売り、中で食べさせる。

皿に白米を大盛りにし、無造作に気前良く、分厚く切った温かい叉焼、それに茹でた芥蘭《がいらん》（チャイニーズ・ケール）が一本。そして目玉焼き。白身は完全に火が通っているが黄身はまだ生の目玉焼きが、叉焼を覆うようにのっている。

仕上げには黒々とした砂糖入りの醤油。

箸で黄身を割り、叉焼に黄身をまぶして、ご飯と一緒に口へ運ぶ……柔らかくて、甘辛くて、こってりしていて。うーむ、美味しい！　この喜び、充実感は天丼、あるいは鰻重的だ。

店の中で私と同じように「叉焼煎蛋飯」や「白切鶏飯《ばっくちっがいふぁん》（茹で鶏肉のせ飯）」や「叉鶏飯《ちゃーがいふぁん》（叉焼と茹でた鶏肉のせ飯）」、「叉鵝飯《ちゃーごーふぁん》（叉焼と焼きガチョウのせ飯）」をかきこんでいる客は、ほとんどが男性だった。店員も男性の老人ばかり。

香港には店は古く店員も年寄り、という店が時々あった。そんな店は店員にとって、働きやすい職場なのかもしれない。和気藹々《あいあい》としていて待遇もそこそこで、いい店なのかもしれない。だから皆辞めないし、店主もいい人だからクビにもしない。そうやって、店と共に店員も年をとっていくのかな、この店もそんな店なのかな、と箸の手を休めることなく、ぼんやりと思った。香港では突然の解雇や大量リストラが珍しくなかったから、老人ばかりが働く古い店にいると、まるで別世界に来たような、少し不思議な気分にもなった。

そしてこの店は安いし旨いし、ボリュームがあるしで、時々、同僚たちと出くわすことがあった。

店に入り、男性グループが一番大きなテーブルを占領しているのが目に入ると私は「マズい」と思う。

しかし彼らに気づかれてしまったら引き返すこともできない。仕方がないので入っていくと、自動的に大きなテーブルのどこかが空けられ、私が座る場所を作ってくれる。

これは大変に親切なことだし、ありがたいと言わねばならないが、当時、私は嫌でしょうがなかった。

同僚たちは男同士の話で盛り上がっているので、女の私が入ることで空気が変わってしまうし、彼らは私よりもずっと年下で、ほとんどが当時、二〇代前半だった。彼らはスラングだらけの、極めてローカルな広東語を、マシンガンを打ち放つごとくのスピードで、際限なくしゃべりまくる。いくら声が大きくて聞き取りやすくても、私には何がなにやらチンプンカンプンなのだ。

そして彼らが一人で食事をしに来た私を、哀れに思っているのもシャクにさわる。

同僚たちいわく、会社には人がたくさんいるのだから独りで食事をするのはどこかおかしい、というのだ。

女の子の同僚と食事を共にすることもあった。しかしそんな時に行くのは麵屋、あるいは粥屋だった。

焼味はカロリーが高すぎるのだ。叉焼は七五グラムで二四二キロカロリー。ハムに目玉焼きがのった「火腿煎蛋飯《ふぉーとぃじんだんふぁん》」が八〇〇キロカロリーだそうだから、叉焼煎蛋飯はまあ、軽く一〇〇〇キロカロリーはあるだろう。

叉焼

【材料】

豚肩ロース肉（脂肪が適度に入っているところ。長方形に切る）500ｇ　蜂蜜少々

［**漬け込み用の調味料**］水飴（砂糖、蜂蜜も可）70ｇ　塩15ｇ　醬油30㎖　玫瑰露酒小さじ１　重曹２ｇ　チキンパウダー10ｇ　南乳大さじ½　練りゴマ大さじ½　磨豉醬小さじ１　にんにく１片（みじん切り）　エシャロット１個（みじん切り。にんにく１片と玉ねぎ¼個で代用可）

【作り方】

- 漬け込み用の材料を合わせ、豚肉を45分から１時間ほど漬けておく（それ以上漬けると肉が固くなるので注意）。
- アルミホイルをしいた焼き網を入れ、オーブンを220度に温めておく。
- 肉を網にのせ、10〜15分焼く。
- さらに温度を230度に上げ、10分焼く。肉をひっくり返してから、さらに10分くらい焼く。竹串を刺してみて、肉汁が透明なら焼きあがっている。
- 肉の表面に蜂蜜を塗り、しばらくオーブンでねかせて完成。

※南乳は豆腐から作った赤い調味料。磨豉醬は大豆が原料の、甘い味噌のような調味料。別名を麵豉醬。どちらも中国食材店で手に入る。

対してOLのランチの友、「米粉《まいふぁん》（ビーフン）」は一二三キロカロリー。女子の誰もが、昼にはビーフンばかり啜っているのもうなずける。

焼味店で出くわす女性の同僚は皆無だ。一緒に叉焼煎蛋飯を食べてくれる女子を探す方が面倒くさい。

とはいえ私も体重は気になる。これ以上、太りたくないし、同僚たちにも気を遣うので、週に一度以上は行かないようにしていた。

店に入って知っている顔がいないと、実にほっとする。同じように一人で席に座り、黙々と食べている男性たちを見ながら叉焼煎蛋飯を待っていると、どんどん安心感が増していく。「コドク」な人たちばかりだと、店の中も静かでいい。

ようやく自分の前に皿が置かれると、胸は幸せでイッパイだ。きらきらと、脂で光る叉焼煎蛋飯。焼けた肉と醬油の甘い香りがよい匂い。

この幸せを皆に分けてあげられないのが残念だ。しかしこんな幸せなどは、彼らの大きな話し声の前では、吹けば飛ぶような幸せか。

師父の息子

茶の世界は「道」である。その道は長く、険しく、時間もお金も労力もかかる。

そして中国茶の「道」の人々は、急須を「育てる」という。

どんな急須も「育つ」わけではない。紫砂《じーさー》という、日本の常滑焼《とこなめ》によく似た色の、直径一〇センチくらいの急須が「育つ」急須だ。

紫砂は江蘇《こうそ》省の焼き物の名産地、宜興《ぎこう》で作られた急須だそうだ。そして常滑焼は紫砂を手本にして作られた陶器なので似ていて当然、なのだった。

新しい紫砂の急須は表面がざらざらしているのが素人でも分かる。しかし毎日、茶を淹れていくうちに、だんだん表面は滑らかになり、つやつやと光ってくる。こうやって丹精込めて「育てた」急須で淹れないと本当に美味しい茶は飲めない、というのだ。

これは老舗《しにせ》のすっぽん料理屋の使い込まれた土鍋で炊いたすっぽんが、普通の土鍋で炊いたものよりも旨い、というのと同じ理屈だろうか。そしてすっぽん鍋同様、急須を育てることも素人にはなかなか難しそうだ。

しかし、香港人が「茶」道を究めているわけではもちろんなく、普通の人は、あまりこだわっていないようにみえる。むしろ日本人の方がお茶好きだと思う。

香港の人々は茶よりも、水が好きなのだ。「一日八杯の水は美人をつくる」という諺《ことわざ》もある。水が一番安心だと思っているフシがある。体の調子が悪いと人に訴えると、すぐに「水を飲め」といわれる。生水は飲まない。皆湯冷ましか蒸留水を盛んに飲んでいる。蒸留水など、私は味もそっけもないと思うが、香港のスーパーやコンビニで主に売られているのは蒸留水だ。

飲料水は基本、深圳の東江《どんごん》という川から引いているという。香港人が生水を飲まないのは水質が悪いこともあるが、水道管や住宅の貯水タンクに問題が多いせいだろう。

水道管の赤錆《さび》で、家の蛇口からは茶色い水しか出ないことはままある。集合住宅は一軒家のように気軽に水道管を交換するわけにはいかないのだ。

北京などの北方は乾燥が厳しいため、常に水分を補給する必要があるという。だから九〇年代、人々は、ガラスの空き瓶に茶葉を入れて、行く先々で湯だけもらって（湯はタダだそうだ）道々飲んでいたと聞いた。

冬、雪の街で、湯気のたった空き瓶を持って歩く人々の姿を想像したら、なんだか風情があるなあと思ったが、香港の人は一年中、蒸留水のボトルをコンビニで買って飲んでいる。

茶葉は収穫してそのままにしておくとどんどん酸化発酵し、熱を加えると発酵が止まり、この過程で茶の味と種類が決まる。

発酵させない茶が「緑茶《ろくちゃあ》」、完全発酵させた茶が「紅茶《ほんちゃあ》」。中国茶は発酵の度合いや形状によって七つに分類されている。

《緑茶》未発酵茶。中国の緑茶は葉が縮れていない。代表的な銘柄に「龍井《ろんじん》」がある。「香片《ひょんぴん》」は緑茶に乾燥させたジャスミンの花を混ぜたもの。

《青茶《ちんちゃあ》》半発酵茶。「烏龍茶」、「鉄観音《てぃっくんやむ》」は青茶にあたる。香港ではポピュラーな銘柄に「水仙《そいしん》」がある。

《紅茶》完全発酵茶。茶葉を乾燥させ酸化発酵させたもの。代表的な銘柄に「祁門紅茶《けいむんほんちゃあ》」がある。

《白茶《ばっくちゃあ》》微発酵茶。うぶ毛の生えた柔らかい葉だけを摘んだ茶。「寿眉《さうめい》」「白牡丹《ばっくまうたん》」などがある。

《黄茶《うぉんちゃあ》》微発酵茶。湿気を含んだ紙に茶を包んでおくことで独特の色がでるという。巷ではあまり見かけない高級茶。代表的な銘柄に「君山銀針《ぐぁんさんあんじゃむ》」がある。

《黒茶《はっくちゃあ》》後発酵茶。茶葉を高温多湿の場所に固めて積んでおき、付着した麹菌《こうじ》やクモノスカビなどで後発酵させる。「普洱《ぽうれい》」は黒茶にあたる。

《花茶《ふぁちゃあ》》乾燥した花弁と茶を組みあわせた茶。「香片」「玫瑰《むいぐぁい》（ハマナス）」、「菊花《こっふぁ》」などがある。

香港では菊花と普洱をブレンドした「菊普《こっぽう》」もポピュラー。

今はどこの店でも饅頭を潰したような形の急須が出てくるが、かつては焦げ茶で、ティーポットのような急須も使われていた。私は一時、この急須に惚れこみ、探し回ったことがあったのだ。古道具店でなんとなく気に入り、買ったのがきっかけで、使ってみると、使い易いし、形も愛らしくて、すっかり気に入った。

しかし、ちょっとぶつけただけで欠けたり、割れてしまう脆《もろ》さもあった。新品は探してもなかなか売っておらず、あちこちの店をのぞいては、見つけると買うようになった。

この頃から食堂に入ると、どんな急須を使っているのかが気になるようになった。大抵は白い無地の急須を使っているが、古い料理屋や食堂に限って、茶色い急須を見かけた。大きさは小と大があって、一人客には小さい方を、グループ連れには大きい方を出す。

明るい陽射しが窓から斜めに射し込む午後の遅い時間に、おじいさんが何を見るでもなく、ぼんやり一人で、遅い飲茶をしている風景に、このオールド香港風の急須はよく合っていた。

しかし、饅頭型の急須は重ねることができるが、茶色の急須はできない。そしてサイズ違いを揃えるのも手間だということか、いつの間にか、どこの店でも饅頭型の急須を使うようになったのだろう。

そして次に、私はこの急須が英国のブラウンベティと呼ばれるティーポットの模倣であることに気づいた。香港の方は薄手だが、形も色もほぼ同じだ。

ブラウンベティは一七世紀、英国の陶器の名産地、ストーク＝オン＝トレントで誕生したという焦げ茶のティーポット。日本でも時々、洒落た雑貨店などで売っている。本家は厚手で、どっしりしていて、ちょっとやそっとでは壊れない丈夫なものだ。

そしてもう一つ、違うところがある。香港のブラウンベティには蓋に小さな穴が開いている。料理屋などでテグスをつけ、本体と離れないようにするためだ。

てっぺんに穴が開いた香港のブラウンベティ。古き良き香港を感じさせてくれる、私のお気に入りだ。

しかし最近は、香港ではほとんど見かけなくなり、本末転倒ながら、家では、現在も安定して作られている本家、英国のブラウンベティの方をよく使うようになってしまった。

*

九龍に茘枝角《らいちーこっ》という、繊維関係の問屋が集まっている街がある。灰色の巨大な工業ビルがいくつも立ち並び、荷物を運ぶ半裸の労働者が働いている工場街だ。

茘枝角という地名はかつて、庭園のある風光明媚な場所だったことから名づけられた。数十年前までは茘園という遊園地があり、遊園地の跡地は今、特徴のないショッピングセンターになっている。

尖沙咀から地下鉄で二〇分ほどの場所で、近年は新しいショッピングセンターができるなど、少しずつ、街の様子が変わってきているが、ひと昔前は、茘枝角のメインストリート、長沙道《ちょんさーどう》の一本裏にある青山道《ちんさんどう》は黒社会（ヤクザ）の縄張りなので、そちら側には絶対に行かない、とい

う日本人の話を聞いたこともある。

この青山道には返還前、台湾の旗がはためく一画があった。この地に長くオフィスを構えている人が
「台湾に蔣介石が渡った時に、大陸からやって来た残党が住んでいるんでしょうね。昔はあちこちに、そういう人が住む村があったんですよ。最近はほとんど見かけなくなりましたが」と教えてくれた。

国民党の残党が暮らす村として有名だったのは、香港政庁が九六年に村ごと解体してしまった調景嶺《ていうげんれん》だ。今では、二〇〇二年に開通した将軍澳線《ちょんぐぁんおう》の駅名にその名残があるばかりだが、茘枝角の一画も返還後、いつの間にか旗は下りた。

住人たちはどこかに行ってしまったのだろうか？ それとも旗を下ろしただけで、今でもひっそりと暮らしているんだろうか。その建物の前を通る度に、ぼんやりと想像した。


香港に暮らし始めた頃、茘枝角の専門店で茶を買ったことがある。人から良い鉄観音茶を買ってくれと頼まれていたのを思い出し、入ってみたのだ。

六〇平方メートルくらいありそうな店内には、茶葉を入れた大きな茶筒が棚にずらりと並び、また一方で、ショーケースには銀色の袋に小分けされた茶葉がきれいに飾られ、飾り気はないが、いかにも高級店という感じだった。

茶葉を見ていると中学生くらいの男の子が、猪口《ちょこ》のような小さな茶碗に茶を入れて持ってきた。

「唔該《むごい》（どうも）」

と言うと

「唔使唔該《むさいむごい》（どういたしまして）」

少年は姿勢を正して、言った。

半ズボンを穿き、アメリカのバスケットボール選手が描かれた、だぶだぶのTシャツを着ている少年には、ちょっと不釣合いなほどの丁寧な仕草だった。

鉄観音茶が欲しいと伝えるとカウンターに連れていかれ、少年は棚に並んだ大きな茶筒をいちいち開け、茶葉を見せてくれた。

その中で、特に緑色の濃い、よく縮れている茶を試したいと頼むとカウンターの脇の机の前に座れと言う。

背の低い、細長い木の机の脇には湯を沸かす焜炉があり、机の上には茶の道具が一式揃っている。机の前の小さな椅子には、端に老人が、真ん中には三〇代と思われる、背広を着た男性が座っていた。私は男性の隣に腰かけた。

少年が慣れた手つきで準備している間、男性が英語でいろいろと話しかけてきた。日本人かと聞くのでそうだと答えた。広東語も少しは話せます、と言うと

「僕も香港に来て話すようになったけれど、ここは広東語の街だから、すぐに話せるようになりましたよ。僕の母親は広東語を話すので子供の頃から聞いていましたから」

彼はマレーシア人だと言った。英語もうまかった。

少年はあらかじめ温めておいた急須に茶葉を入れ、最初に入れた湯はゴミを取りのぞくためにすぐに捨てた。

次に四つの小さな茶碗に茶を注ぐと、一つは自分に、あとはそれぞれの前に差し出した。

当時はまだ香港に住んで間もない頃だったので、料理屋などで茶を飲む時とまったく違う茶の淹れ方に、私は小さな驚きを持って少年の手元を見つめた。

私が日本式に両手で小さな茶碗を持つと、老人が身振りで中国式の持ち方を教えてくれた。女性は親指と中指で持つのだという。

茶碗は小さい。ひと口で飲んでしまえる量だ。

けれど老人も男性もすぐには飲まない。最初に匂いを嗅いでからゆっくり、ゆっくりと、味わうように飲んだ。そして飲み終わった後に、茶碗に鼻を近づけてもう一度、匂いを嗅ぐ。

私は二人のやり方を真似て、茶碗に鼻を近づけてみた。茶碗の内側には鮮やかな茶の香気がまだ十分に残っている。その香りはむしろ、茶そのものより芳しいくらいだった。

「この匂いが分かりますか?」

男性が私に聞いた。

「はい」

「味はどうかな? お好きかな?」

今度は老人が英語で私に聞いた。英語を話す老人は珍しい。茘枝角という場所ならなおさらだ。

「美味しいです。でも私には少し強い」

「このお茶は五回淹れます。次はもっと強いですよ」

少年はそう言って、茶碗を竹製のトングで回収した。

二煎目は確かに一煎目よりも濃かった。少年が飲み終わった後にチッと舌を鳴らし
「やっぱり一杯目の方がいい」

と言う姿はまさしくグルメ、というべきものであった。

少年は茶を注ぐ時、広東語で何か唱えていた。『三国志』に出てくる蜀の武将関羽《かんう》が戦った七人の敵の名前だという。茶を注ぐ時の習慣だそうだ。注ぐ速度にも決まりがあるらしく、唱えながらリズムをとっているのだろう。

そしてこの時、少年は残りの茶を隅に並んだいくつかの急須に注いでいた。テーブルの一部は、すのこのようになっていて、そのまま、水が下に溜まる仕組みになっているのだ。後から、客が買った急須を代行して店が「育てる」サービスがあるのだと知った。

少年は急須を育てていたのだ。


茶を飲みながら男性が、自分はこの店で開かれている茶道教室の生徒だと話し始めた。

「じゃ、彼は師父《しーふー》（先生）？」

少年を指差して聞くと
「いや、彼は師父の息子」

という答えが返ってきた。

試飲が終わり、私はこの茶葉を買うことにした。値段を聞いたら心の中で、うっ、と思うほど高かったが妥当な値段だと思われたし、予算内でもあった。私は涼しい顔でお金を払った。店に入ってからここまで、ゆうに三〇分は経っていたが、今度は男性が、自分が茶を淹れるから飲んでゆけという。

私はまた小さな椅子に座った。師父の息子も隣に座って舌なめずりをしている。いいお茶なのだろう。名前を言われたが私の知らない銘柄だった。飲んでみると、色も濃く、とても強い味だった。

そして彼の淹れ方を見ていたら、少年の淹れ方がいかに上手いかが、あらためてよく分かった。少年の仕草にはよどみがなく、まるで流れるようだった。しかし男性の動作はぎこちなく、見ている方が緊張してくる。いい茶だとは思うのだが、淹れ方がまずいせいか、それほど美味とも思えない。ただただ強い茶だと感じた。

茶を淹れながら、男性は私にいろいろと質問してきた。仕事は何か？ どこに住んでいるのか？ 彼は大学で教えているんだよ、と少年がさりげなく言う。パートタイムだよ、と男性は恐縮する。私は茶碗に鼻を寄せ、深々と残り香を嗅ぐ。いい匂いだ。

二杯目の茶を飲み終わったところで店を出ようとしたのだが、結局引き止められて、最後まで飲んだ。

外では上半身裸の男たちが汗をかきながら、重い荷物を上げ下げしているというのに、この店の中だけ、まるで時間が止まっているかのようだ。

こうした独特な雰囲気は高級茶を売る店に共通するものだ。その空気はどこか、宝石店にも似ている。余裕のある客を迎える宝石店や茶の店には、店側にもどことなく余裕が感じられる。自然なものなのか、ある種の演出なのかは分からない。おそらく両方なのだろう。

高級茶葉を扱う店には良い品に喜んで大金を払うお得意さんがついているという。一年のうち、僅かな期間しか入荷しない新茶や、希少価値のある茶を買う上客を持っているのだ。だから一〇〇グラム、二〇〇グラムしか買わない一見客《いちげん》など、ほとんど眼中にないだろう。

しかしだからといって、ぞんざいに扱ったりはしない。余裕があるから優しいのである。衣食足りて礼節を知る、である。もしかしたら、私も金持ちの日本人だと思われたのかもしれない（だとしたら恐縮してしまう）。とはいえ、私が買ったわけじゃないんですよ、と言い訳するわけにもいかないし。

ずっと椅子に座っている老人は男性の父親か、常連客だろうと私は思っていた。しかし話をするうちにそうではないことが分かった。老人は店の人だった。師父の父、というところだろうか。

茶を飲み終わったところで、出前がやってきて料理の皿をいくつも置いていった。時計を見るとちょうど昼時だ。少年が店の奥から大きな丸い板を出してきた。

板を店の真ん中にある小さなショーケースの上に置くと、簡易式の丸テーブルになった。

「ご飯を食べるのね」

「そうです。お茶はね、空腹の時に飲んではいけない」

少年は手早く料理をテーブルに並べながら教えてくれる。

「知ってる。私は今、お腹が空いているの。だから
さっきのお茶を強いと感じた」

「じゃあ、一緒に食べましょうよ」

今度は一緒に飯を食っていけと言うのである。次に
老人が
「食べましょう」

と日本語で言った時には本当に驚いた。

次の予定もあったし、初めて入った店でのんびり食事を奢られるわけにはいかないしで、感謝しつつもお断り申し上げ、しかし、せっかくなのでオカズを見せてもらった。

魚の蒸しものに炒め物が二つ。店の奥で炊いたのだろう、湯気のあがったご飯も奥から運ばれてきた。とても美味しそう。

「ここは工場街なので、こんな出前があるんですよ」

すでにオカズの前に陣取っていた男性が説明してくれた。

「じゃあ、また」

蓋付きの茶碗を使う簡単なお茶の淹れ方

【材料】
茶葉3〜6g　熱湯適量　蓋つき茶碗　茶碗

【淹れ方】
- 茶碗は温めておく。
- 蓋つきの茶碗に茶葉を入れ、熱湯を縁沿いに注ぐ。蓋をしてしばらく置く(茶葉が少し沈むくらい)。
- 蓋を少しずらし、もう1つの茶碗に茶を注いで飲む。同じ茶葉で4回くらい抽出できる。
- 蓋をずらしてそのまま飲んでも良いが、茶葉が口に入ったりして、なかなか難しい。

師父の息子は再び、姿勢を正して送り出してくれた。

私はトラックと労働者だらけの路上に戻った。仙界から下界に降りてきたような気分だった。強い茶を飲みすぎたせいだけとも思われなかった。

そして男性が淹れてくれた「大紅袍《だいほんぽう》」が、一〇〇グラム一万円もする、鉄観音茶の中では最上といわれる高級茶であることを知ったのは、しばらく経ってからのことだった。

貧乏人のナイトクラブ

蒼い空がゆっくりと澄んでいき、太陽が西の水平線に沈む頃、廟街《みうがい》では屋台の明かりが灯《とも》り始める。

黄昏は廟街が始まる時間だ。

香港で暮らした六年半のうち、四年間は九龍の油麻地に住んでいたので、この街は、私にとって香港の中でも親しみのある場所のひとつだ。

ここでは毎夜、道教寺院である天后廟《てぃんはうみう》を中心として南北に市が立つ。

通りの名にちなんで、夜市は「廟街」と呼ばれる。この市は時計仕掛けのように規則正しい。年中無休。毎日、夕刻になると、金属パイプで屋台が組まれ、日付が変わる頃には片づけが始まり、朝方には跡形もなくなっている。

一九九二年、上環《しょんわん》にマカオ行きフェリーの新ターミナルができるまであった「大笪地《だいだーでぃ》」という夜市は、別名「平民夜總會《ぺんまんいぇじょんうい》（Poor man's night club 貧乏人のナイトクラブ）」といわれたそうだ。

上環はかつて貿易港として栄え、多くの港湾労働者が働く街だった。今でも乾物や茶葉の問屋が集まっているのは、その名残だろう。

廟街と旺角《もんこっく》にある女人街はいわば、現在も残る平民夜總會だ。

天后廟の隣では以前、廟街名物だった粤劇《えつげき》（広東オペラ）の青空舞台が毎晩行われていたが、今はあまり出ていない。彼らが簡易舞台を組む場所に、香港政庁は道路整備をしかけて、追い出した。

廟街で売られているものは、すべて安物。けれど天后廟を中心に多少の違いがあった。天后廟の周りにあるのは占いのブースとレプリカの骨董。南へ下ると香港のロゴ入りTシャツなどの衣類、アクセサリー、小物や玩具、ブランドもののコピー。北へ上ると靴下や下着、爪切り、鍵などの細々とした雑貨類、古本、コピーものの玩具なども売られている。

食べ物にも南北では微妙な違いがあった。

南には観光客相手の海鮮を出す食堂が多い。路上に設けられたテーブルは西洋人の観光客で毎晩、賑わう。生きたシャコや蟹が入ったプラスティックのたらいが、店先にずらりと並んでいる。対して北には安飯屋、麺屋、そしてかつては屋台が集まっていた。要するに天后廟から南は観光客向け、北は地元向け、という微妙な境界線があった。

観光客はたいてい南から、香港一の観光地である尖沙咀からやってくる。対して香港人は、地元の繁華街、油麻地の北にある旺角からやってくる。そうした方角の違いがこの境界線を自然に作ったのだろうか？

あるいは黒社会（ヤクザ）の縄張りの問題かもしれない。油麻地から北はヤクザが多く生息するといわれていた。それを裏づけるように、油麻地の料理屋でヤクザの会合が行われ警察に摘発、などという記事もよく新聞をにぎわせた。その料理屋が、家から徒歩一分の、時々飲茶をする店だったりして、なかなか油断がならない。

一緒に部屋をシェアしていた恵美は、以前、住んでいた旺角で、部屋を出たら建物の前に血のついた青龍刀が落ちていたことがあったという。

私も朝、道を歩いていたら、窓から注射器が降ってきたことがある。この時はさすがに周りの人も一斉に「あいやー」と驚きの声を上げた。

普段、私たちが目にするヤクザは、違法コピーのCDやブランドバッグを売っているチンピラだろうか。しかし実害がなければ気にしないというのが私の考えだった。ヤクザも素人さんには近づかない。

いずれにせよ、夜が更けてから突然、栓抜きが入り用になったり、爪切りが欲しくなったり、小腹が空いた時には北へ行けばよかった。

天后廟の前には男性の老人ばかりが集まる公園がある。彼らは、盆暮れ、正月も、真夏も真冬も、朝も夜中もいつでも、そこにいる。公園には大きな榕樹《よんしゅー》（ガジュマル）が植わっており、その下で男たちは中国将棋をしたり、煙草を吸ったり、ただ無言で座り込んでいる。近くに住んでいる人もいれば、わざわざ遠くからやってくる人もいるという。

戦後から七〇年代にかけての油麻地は、旺角のような、今よりももっともっと華やかな繁華街だった。当時、この辺りに住んでいた人、遊んでいた人が今でも通ってくるのだそうだ。

もし、香港の貧しい人々がいったいどんなものを食べているのか知りたいという悪趣味があるなら、油麻地の安食堂で食べてみるといい。

値段は他の場所よりも安いはずだ。肉よりも衣の方が多い酢豚、鮮度の落ちた野菜の炒め物、豆腐の煮物、大きいばかりでぐずぐずと箸がめりこむ、しまりのない大根餅……。小皿の中で油と一緒に蒸した鹹魚は、塩気ばかり強くて身は粉のようだ。牛雑麺《あうざっぷみん》（牛モツ麺）に入ったモツの鮮度は悪く、処理もまずい。

しかしとにかく安いのだ。廟街には安価、という魔法がかかっている。そして魔法が解けたら困る人たちが集まる場所でもある。

魔法をかけているのはきっと「天后廟」だ。天后廟は油麻地の「ヘソ」であると、私は思っていた。

天后は海を守る女神で媽祖《まそ》とも呼ばれる。周囲を海で囲まれた香港は天后廟が多い。油麻地の天后廟は一八八〇年代に建てられたもの。中には天后の他、観音や福徳（道祖神のような神様）など、いろんな神様が祀られていて、ごちゃごちゃしている。ここの天后様はにっこり笑った赤い口元が印象的で、頼りがいのある感じ。

この天后廟の磁力が夜店を守り、老人たちを、観光客を、人々を引き寄せて、夢を見せる。天后様は庶民の味方だ。高価なものは寄せつけない。

カラオケ全盛のこのご時勢でも、油麻地には生バンドが入る小さなクラブが残っていた。夜、廟街を歩くと「パパ、ドン、ドン、ドンババババ」という、くぐもった生演奏の音が聞こえてくる。

たむろする老人たち、安クラブ、安食堂、露店、観光客、ヤクザ……この雰囲気は私に、すっかり寂れきっていた八〇年代の浅草を思い出させた。

＊

ある夜、何の気なしに廟街をぶらぶら歩いていると、背後から何か、妙に熱い熱気が迫ってきてハッとする。荷台に積みあげられたできたての煲仔飯《ぼうちゃいふぁん》が、物凄いスピードで店へと運ばれているところだった。

廟街の名物といえば煲仔飯と蠔仔餅《ほうちゃいべん》。何軒も店があり、大勢の客が店先のテーブルで食べている。

煲仔飯は炊き込みご飯だ。土鍋に米と豚の排骨や鶏肉などの具をのせて炊き上げる。香港の冬の風物詩的な料理である。

蠔仔餅は牡蠣のお好み焼き。親指くらいしかない小さな牡蠣と、卵、粉と水を混ぜ、たっぷりの油で焼く。芫茜《いむさい》（コリアンダー）をのせてアツアツのところに唐辛子のソースをつけて食べる。

しかし名物に旨いものなし、で、冷静に味わうと、どちらもそれほど美味しいものでもないと私はオモウ。煲仔飯は作りおきしていて冷めたものを出すことがあるし、蠔仔餅も味は悪くないけれど、いかんせん油が多すぎる。どちらも普通の食堂で食べた方が美味しい。

しかし廟街の魔力は強力なので、ここでは地元民にも魔法がかかる。廟街へ一歩足を踏み入れると、香港人でもなんとなく浮かれた気分でついつい、煲仔飯や蠔仔餅を食べてしまう。住んでいるとさすがに、いろんな見たくないものを見てしまったりして、魔法は少しずつ解けていく。陽の高い時間に煲仔飯屋の前を歩くと、道端に小母さんが座り込み、青いビニールホースからちょろちょろと水を流して米を洗っている。私はそれを見ると食欲をなくす。私は衛生にうるさいほうではないけれど（でなかったら廟街の食物などとても食べられない）道端で米を洗うのは勘弁してほしい。

普通の道端ではない。廟街の、毎晩何百人もの、どこから来て、どこへ行くのか分からない人々が踏んで、ビールをこぼし、泥をなすりつけ、唾を吐いた道端なのである。

しかし廟街へ行けば、夜中であっても何かしら食べ物にはありつけた。

どんなものがあったかというと、たとえば油渣麺《やうじゃーみん》があった。香港人が懐かしがる麺だ。うどんのような白い太麺でスープに油渣《やうじゃー》（油かす）を入れることでコクと風味が出る。油渣麺の、小麦粉と水だけで打った麺はうどんのようで日本人の私にも懐かしいのだが、麺屋では見かけない。売っているのはおばあさんだった。小さな大八車のような屋台に、たらいのような大きな金属鍋をのせていた。

中には湯のような薄い、薄いスープの中に太い麺が煮えている。注文を受けると麺とスープをプラスティックの丼に移し、青葱を少し散らしてくれた。

廟街の油渣麺だから油かすはほとんど入っていない。だからまるで素うどんみたいで私には美味しい。当時、一杯一〇ドル（約一五〇円）。

點心でお馴染みの腸粉《ちょんふぁん》も、通常は海老や肉を巻き込むが、廟街の屋台では具はなし。素腸粉だ。砂糖入りの醤油と南乳《なむゅー》で作った甘いタレ、胡麻をふって八ドル（約一二〇円）。これもおばあさんがやっていた。

いつも道の真ん中で「ゴーッ」という音を立てていたのはイカゲソ炒め。脇では鶏の腿を揚げている。豆腐や魚蛋、茄子の間に魚のすり身を挟んだ揚げものは、どこの街でも見かけるが、廟街の揚げ油は、他の店より三割増しくらいで、黒い。強烈な匂いですぐにそれと分かる臭豆腐の屋台も時々出ていた。

廟街の食物の中で、私の好物は炸猪腸《じゃーじゅーちょん》だった。

豚の腸を揚げたものだ。フランスにアンドゥイエットという内臓料理があるが、炸猪腸はアンドゥイエットによく似ている。

腸の中にさらに腸を詰めている。外側を赤く着色してあるので一見、大きな長いソーセージのように見える。

これを油で揚げて一口大に切り、串に刺してタレをつける。

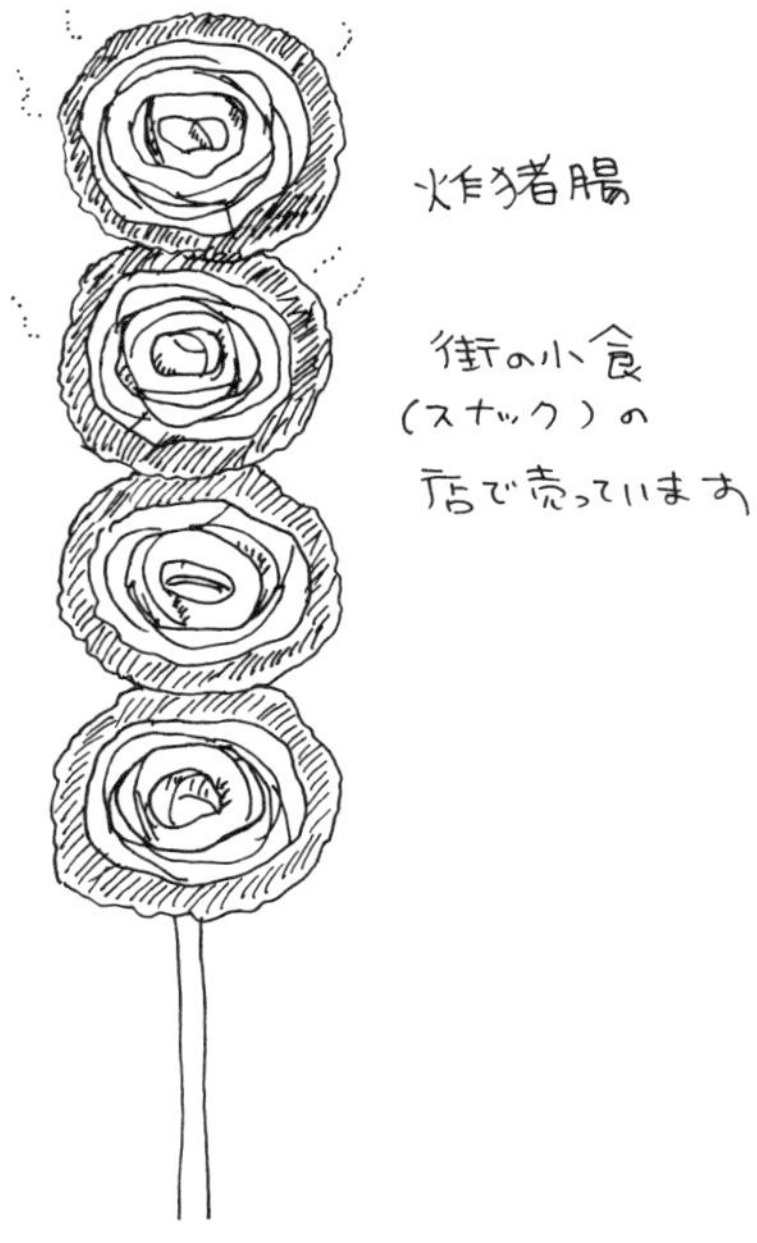
炸猪腸
街の小食（スナック）の店で売っています

廟街の屋台には三種類のタレがあった。醤油と芥子《からし》と梅醤《むいじょん》（梅で作った甘いジャム）。私は全部かけてもらう。

甘辛い味の後に、芥子の刺激がツンと鼻に抜けるのがたまらない。外はカリッと香ばしく、中は汁気たっぷり。これで一本七ドル（約一〇〇円）。

炸猪腸という料理は潮州料理店には時々あるが、店で頼むとカリッと揚がっていなかったり、冷めていたり、掃除がまずくて臭かったりして、がっかりすることも多かった。

しかし廟街の炸猪腸は上手に臭みが抜いてあり、いつも熱々で、香ばしかった。だから仕事帰り、廟街を通ったついでについ一本、となる。

私が買い始めた頃、屋台の主人は大きな太った男性だった。手には甲だけの黒い革の手袋をはめている。肉屋風というか、炸猪腸屋にふさわしい風貌だと思った。

移動式の屋台には大きな鉄鍋の横に小さなまな板が置かれている。揚げたての熱い腸を片手で押さえて、小さな肉切り包丁で切っていく。サクサクサクという小さな音が聞こえる。包丁は半月型。黒い革の手袋はいつも脂で光っていた。

鍋の油の中には今、まさに揚げ終わらんとしている豚の腸がぶくぶくと小さな泡を出していて、脇の、これから揚げる腸と、揚がったばかりの腸が、赤い蛇がとぐろを巻いているようで、迫力があった。

しばらくすると、三〇歳くらいの丸顔の、可愛い顔だけれど、ちょっと疲れた感じの女の人が男性の横につくようになった。

すぐに男性はいなくなり、女の人だけになった。女の人は、最初は可愛さが目立っていたけれど、毎晩、油の前に立つ仕事は重労働なのだろう。あっという間に疲れた屋台の女の人の顔になり、そのままになった。

　彼女が廟街に立つ頃にはもう、私は串では買わなくなっていた。ただ「廿蚊《やーまん》、唔該《むごい》（二〇ドル分ちょうだい）」と言うと、二〇ドル分、切って袋に入れてくれる。注文するといつも微かに、嬉しそうな顔をする。そういうところにかつての可愛らしさが残っていた。

炸猪腸

【材料】

豚の大腸600g　ベーキングパウダー小さじ３　小麦粉少々　水2.5ℓ　八角６粒　シナモン３片　醤油（生抽）大さじ５　たまり醤油（老抽《ろうちゃう》。中国の醤油は生抽とたまり醤油の老抽の２種類がある。どちらも中国食材店で手に入る）小さじ１　塩大さじ２　砂糖大さじ½　チキンスープ小さじ３　生姜40ｇ（包丁の背で叩いてから千切り）

［**調味料**］酢大さじ３　水飴小さじ３

【作り方】

- 大腸は一口大に切り、ベーキングパウダーをまぶして20分おき、塩、小麦粉をよくもみ込んでから、水で洗う（これは匂いを取るため）。
- 鍋に湯を沸かし、大腸を３分ほど茹でる。茹であがったら水の中に入れて熱を取り、水気をふいておく。
- 水に八角、シナモン、醤油、たまり醤油、塩、砂糖、チキンスープ、生姜を入れ、大腸を入れてから弱火で30分ほど煮てから取り出しておく。
- 酢と水飴を混ぜたものを大腸によくもみ込み、風通しの良い場所で５、６時間乾かす。
- 揚げ油を熱し、低温で大腸を入れ、少しずつ温度を上げながら、表面がカリッとするまで揚げる。
- 食べる時はリーペリンソース（英国のウスターソース。日本でも輸入食品を扱う店にある。ウスターソースでも代用可）や芥子、ケチャップ、あれば梅醤をつける。

二〇〇三年、ＳＡＲＳ（重症急性呼吸器症候群）が香港中を覆いつくした後、街中が見違えるほど清潔になった。

それまでどうしても腐敗臭が絶えなかった肉屋も、埃まみれの雑貨屋も、油じみた食堂も、油や埃や悪臭がきれいに拭われた。

油麻地もどこか、雨上がりのようにさっぱりしていた。実際に朝、道が水で濡れている。毎朝、洗浄車が来て道を洗うようになっていたのだった。廟街も衛生局の徹底的な手入れがあったという。

廟街のにぎわいにちっとも変わらない。観光客、地元の人、さまざまな人々がこの貧乏人のナイトクラブに集う。食べ物の屋台はＳＡＲＳ以降、少しずつ減り、炸猪腸の屋台はなくなった。油渣麵のおばあさんも、腸粉屋のおばあさんももういない。

しかし廟街は今も、何事もなかったかのように毎夜、規則正しく市が立つ。

香港的鍋世界

一年の大方を半袖で過ごせる香港も、一二月の声を聞くと、そろそろ冬の気配がする。日本から遊びに来たなら半袖でも十分過ごせるくらいの気温だが、住民はよっこらしょっと、クローゼットからセーターを取り出す季節である。

冬となればやはり、「打邊爐《だーぴんろう》（鍋）」が食べたい。

打邊爐というのは広東語の呼び方で、一般的に中国語では鍋のことを火鍋《フォーグォ》という。香港では火鍋と書くことはあっても、話す時には打邊爐を使う。

私は広東語について説明する時に

「広東語は基本的に話し言葉で、文字表記は北京語に準じています。でも、北京語を勉強した人は香港の新聞や雑誌は読みにくいといいますし、表記の仕方にも香港ローカルで独特の言葉があるようです」などと言うが、書き言葉と話し言葉が違う、というのは火鍋と打邊爐くらい違う、という感じだろうか。

冬になると、専門店だけでなく料理屋や食堂でも鍋を出す。

深夜、食堂の外に出したテーブルで人々が、ところどころ凹《へこ》んだ、べこべこのアルミ鍋を囲む光景が見られるようになると、ああ冬だなあ、と思う。

しかし私はもともと、鍋料理が好きではなかった。子供の頃は特に嫌いだった。猫舌なので熱いのがまず、嫌だった。

それに湯豆腐は味が「ない」し、シャブシャブ、ちり鍋、水炊きも味が淡白すぎて嫌。すき焼きは、具が皆同じ味になるのが嫌。生卵をつけて食べるのも気持ちが悪くて嫌いだった。

長じて自分で料理をするようになると、なぜ親がしきりと鍋をやりたがったのかがよく分かった。作るのが簡単だからだ。具を切ってダシの中に放りこめばよい。

日本でも北海道は石狩鍋、広島は土手鍋というように鍋には地方性が出る。中国も同様だ。北京など北方なら、鍋といえば羊のシャブシャブ「涮羊肉《シュワンヤンロウ》」という。四川《しせん》なら唐辛子と山椒を入れた「麻辣火鍋《マーラーフォーグォ》」だろうか。

では打邊爐の特徴は？　というとずばり、闇鍋《やみなべ》的に多い、具とスープの種類ではないだろうか。

まず、湯底《とんだい》（スープ）を選ぶ。専門店にはたいてい、スープと具の一覧が印刷された紙とペンがおいてあり、頼みたいものに印をつけて店員に渡す仕組みになっている。スープは、ベーシックな清湯《ちんとん》（鶏スープ）、粟米甘筍湯《そっまいかむそんとん》（トウモロコシと人参）、胡椒猪肚湯《うーじうじゅーとうとん》（胡椒とガツ）、沙爹湯《さーてーとん》（サテー味）など、さまざまだ。

私のように鍋はあっさりしすぎて嫌、という人に打邊爐はおあつらえ向きだった。どのスープも味がしっかりと濃い。さらに鴛鴦鍋《いんようん》という、真ん中を仕切った鍋を使い、スープを二種類入れるので、「どの具も同じ味になって嫌」という問題はあっさりと解決する。

つけダレは必要ないくらい味が濃いが、醤油に唐辛子を混ぜたものなどがつく。また生卵をつけて食べる人もいて、私が知る香港の料理の中で、生卵をそのまま食べるのは打邊爐だけだった。

スープを選んだら次は具を選ぶ。

普段、香港で肉、といったら豚肉。その次は鶏肉だろう。牛肉は特に高級ということもなく、また食べることも少ない。しかし打邊爐は例外で、肉といったら牛肉の薄切り。これが定番でメニューには「肥牛肉（脂ののった牛肉）」などと謳っているが、ただの赤身の薄切り肉に過ぎない。しかし濃いスープと、あっさりした赤身とは相性がいい。

魚の定番は鯇魚《わんゆー》（草魚）の薄切り。鯇魚は川魚で少し泥くさいが、冬になると脂がのり、美味しくなる。「脆肥鯇魚《ちょいふぇいわんゆー》」という広東語は「よく脂ののっている鯇魚」という意味。そんなのを鍋で食べれば最高、ということらしい。

野菜も選択肢は多い。筒蒿《とんほう》（春菊）、豆苗《だうみう》、冬菇《どんぐー》（椎茸）、生菜《さんちょい》（レタス）、西洋菜《さいよんちょい》（クレソン）など。金菇《がむぐー》（えのきだけ）は日本のきのこだが、すっかり定番入り。

さらには豆腐、腐皮《ふーぺい》（湯葉）。蝦餃《はーがう》（海老餃子）、魚蛋《ゆーだん》（魚の練りボール）、貢丸《ごんゆん》（豚肉と椎茸団子）、魚皮餃《ゆーぺいがう》といった、練り物や餃子も入れる。

香港人は練り物が好きだ。好きというより身近といった方がいいのかもしれない。日本同様、海に囲まれているので、魚のすり身を使った練り物は身近な食材なのだ。

蝦丸《はーゆん》（海老団子）、牛肉丸《あうよっゆん》（牛肉団子）、墨魚丸《まっゆーゆん》（イカ団子）といった魚介類の団子も、打邊爐の定番である。

さらに豚の内臓、ガチョウの腸、海老や貝、イカなどの海鮮、駝鳥《だちょう》の肉など、およそ人々が食べたいと思うものは何でも入れるし、入れてよい。

私は打邊爐に高価な食材は求めない。味が濃いので、素材の味を楽しみたい食材は打邊爐向きではないと思う。かといって「丸」ばかりだと「鍋」ではなく「おでん」の様相が濃くなっていくので牛肉くらいは頼むけれど、打邊爐で特に美味しいと思うのは生根と魚皮餃《さんがん》。野菜なら油麦《やうまっ》菜《ちょい》。この三つは必ず頼むし、売り切れだと機嫌が悪くなる。

生根は丸い油揚げのようなもので大きさはテニスボールくらい。中は空洞だ。もともと上海の食品で本来は中に具を詰めて煮込むそうだが、打邊爐ではそのままスープの中に放り込む。そして何事にもせっかちな香港人は味が染みやすいよう、すぐにお玉を使ってギュウギュウと潰す。ダシをたっぷり吸いこんだ生根はとても滑らかだ。

魚皮餃は魚のすり身で皮を作り、豚ひき肉などを包んだ餃子である。ラビオリのようにモッチリした皮がダシを吸って、旨い。油麦菜はサラダ菜を細長くしたような野菜で、シャリシャリした歯ごたえがいい。

そして鍋のお供はビールではなく（もちろんビールを飲んでもよいが）、台湾が本場の酸梅湯《しゅんむいとん》という、煙臭い梅ジュース。煙臭さの元は烏梅《うーむい》という梅を焦がした漢方食材のせいだ。

中国医学によると打邊爐は「熱気」で、酸梅湯を飲むと「熱」が下がるので、体のバランスを整えるという。

しかしスープには流行りがあるようだ。九〇年代後半は「沙爹湯」が人気で、打邊爐を食べに行くと、ほとんどの人が清湯と沙爹湯の組み合わせを頼んでいた。私も沙爹湯ですっかり打邊爐のファンになったのだ。

沙爹というからには、元を辿ればインドネシアやマレーシアのサテーからの命名だろうが、スープの味つけがサテー、というのは、食べてみないとなかなか想像しにくいかもしれない。ピーナッペーストや唐辛子、にんにく、香辛料などが入っていてスパイシーかつ、とても濃厚な味だ。結局のところ打邊爐は中国や各地の材料を寄せ集めてできている。まるで、さまざまな土地からやってきた人々が集まってできている香港そのもの。

打邊爐にはふぐ鍋やすっぽん鍋のような、上品さもけれんみもない。寄せ鍋よりも濃厚で、ちゃんこよりも下世話だ。その気取りのなさがいいのだ。やはり冬の香港には欠かせない料理のひとつだと思う。

*

私が香港を離れた二〇〇二年以降、打邊爐において「沙爹湯天下」の時代に終わりを告げ、次にブームとなったのが、九〇年代にマカオで流行ったという豚の骨を煮出したスープ「猪骨《じゅーくわっ》湯《とん》」だった。材料は豚骨と胡椒、にんにく、大根、トウモロコシやセロリなど。

食べる前は、豚骨ラーメンのような白濁したスープを想像していたが、スープは透明で豚臭さもない。すくって飲むと、ゼラチンを含んで、ねっとりと濃厚。そしてテーブルには半分に切ったストローがおいてある。これで溶けた豚の髄《ずい》を吸えという。

ストローで髄……強烈なアイデアである。

具を食べながら、煮えた太い豚の骨にストローを突き刺し、とろとろの髄をちゅーちゅー吸った。美味だった。

私はストローをくわえつつ「いったい、どんな酔狂な人物がこんな食べ方を考え出したのか？　ブラッドベリの小説に確か、骨を吸う話がなかったっけ？」と思いながら、同時に時代の流れを感じた。あの濃厚で芳醇な「沙爹湯」は、返還前の好景気に浮かれていた九〇年代の、豊かさの象徴であったのかもしれない。

そしてやや素っ頓狂な「猪骨湯」も問もなくブームが去り、少しずつ、打邊爐の様相が変わってきた。大陸からやって

沙茶海鮮煲（海鮮のサテーソース煮込み）

【材料】

海老、帆立、イカ、春雨、各150ｇ　セロリ½本（拍子木切り）　生姜２片（薄切り）　エシャロット１本（みじん切り。にんにく１片と玉ねぎ¼で代用も可）　沙茶醤大さじ２　チキンスープ500㎖　砂糖小さじ１　醤油（生抽）小さじ２　唐辛子、塩、胡麻油、各少々　油

［**漬け込み用の調味料**］コーンスターチ大さじ½　紹興酒、胡椒、各少々

【作り方】

- 海老は殻をむき、背わたをとる。帆立はヒモの部分をとりのぞく。イカは皮をむき、一口大に切る。
- 魚介類に紹興酒、コーンスターチ、胡椒を混ぜて、30分ほどおく。
- 春雨は水にしばらく漬けておく。
- 鍋に油を熱し、エシャロットと生姜を炒め、沙茶醤も入れて軽く炒める。チキンスープを注ぎ、煮立ったら、海老、ホタテ、イカ、春雨、セロリ、塩、胡椒、醤油、砂糖、胡麻油、唐辛子を入れて少し煮込む。

※沙茶醤は牛肉炒めなどにも使える調味料。中華食材店で手に入る。

きた「火鍋」が定着し始めたのだ。

二〇〇八年、折しもリーマンショックの直後、友人たちと囲んだ鍋も、大陸資本の店での「麻《まー》辣湯《らーとん》」と「番茄《ふぁんけい》（トマト）湯《とん》」の打邊爐だった。

彼らは大陸風の辛い「麻辣火鍋《まーらーふぉーうぉっ》」にも、数年前までほとんど口にしなかった「羊肉」にも、すっかり慣れた様子だった。仕事で大陸へ行くことが増え、彼の地で「麻辣火鍋」に慣れたという。

隣に座っていた友人が

「店内を見てごらんよ。夜の八時を過ぎても半分しか埋まってない。先々週、来た時は満席だった。もう不景気が始まっているってことさ」と耳打ちする。

「うちの会社、もうリストラが始まったから、私の首もいつまでもつかなあ……あはは」などと、不安を滲ませながらも力なく笑う友人もいた。

打邊爐の味は、世の中の流れと共に次から次へと変わっていく……。良くも悪くも香港らしい料理だと思う。そしてやっぱり、沙爹湯のこってり味が懐かしい。けれども寒い冬の夜、皆で囲む鍋ならば、どんな味でもかまわないか。

大澳の恋人

私はどうも、鹹魚《はむゆー》と縁があるようだ。

もしかしたら一生、鹹魚には困らないかもしれない。イヒヒ。

思わずそう思ったのは、銅鑼灣《とんろーわん》（コーズウェイベイ）で行われた結婚式で、鮑とガチョウの掌《てのひら》の煮込みをぱくついていた時のこと。

鹹魚は魚を丸ごと、うろこも取らずに内臓を抜き、塩をして乾燥させた保存食だ。干物と似ているが独特の臭気がある。はっきり言って、臭い。現在はマレーシア産が多いそうだが、香港でも僅かに作られており、大嶼山《だいゆーさん》（ランタオ島）などの離島へ行くと魚を丸ごと干しているのを見ることがある。

私がいつも行く市場には鹹魚だけを扱う屋台があった。一〇センチくらいの小さな魚もあったし、三〇センチはありそうな大きな鹹魚がいくつもぶら下がっている。

買う時は一尾まるごとの重さで、あるいは一切れ、二切れと指定して切ってもらう。鹹魚を切るまな板は塩が分厚くこびりついていて真っ白だ。それを見ると、その塩辛さが想像できるというもの。

鹹魚の種類は鰽白《ちょうばっく》、馬友《まーやう》、白花鱸《ばっくふぁろー》、三牙鰄《さむがーくえっ》、白花膠《ばっくふぁがう》、紅魚《ほんゆー》……。字面だけでも、なにやら古めかしい雰囲気が伝わってくる。

鹹魚の簡単な食べ方は、いったん焼いてから油をかけて蒸す。豚ひき肉をハンバーグのようにまとめ、上に焼いた鹹魚をのせて蒸した「鹹魚蒸肉餅《はむゆーじんよっぺん》」もポピュラーだ。鹹魚と鶏肉、レタスが入った「鹹魚鶏粒炒飯《はむゆーがいらっぷちゃうふぁん》」という炒飯も鹹魚の鹹《から》さが効いている。

鹹魚は塩辛いので一切れでご飯がたくさん食べられる。ゆえに戦前、戦後の貧しかった時代によく食べられた。独特の匂いは香港人の間でも好き嫌いが分かれるところ。塩分が強く、健康に良くないといわれる時代遅れの食べ物だ。

だから鹹魚が好き、という人は年寄り臭いか若干、貧乏人臭いかもしれない。ぜんぜん、お洒落じゃない食べ物だ。

私は鹹魚が好きだ。そして鹹魚をよくいただく。私と鹹魚との縁は、知り合いの女の子が会うたびに手製の鹹魚をくれるようになったのが始まりだった。

彼女の家はかつて蛋民《たんみん》と呼ばれた、船で暮らしていた人たちだった。香港では五〇年代から八〇年代にかけて舟遊びをする習慣があり、彼女の家族は船上レストランをやっていたそうだ。現在は香港島に暮らしているが、お母さんやお母さんの友達が今も鹹魚を作っているのだそうだ。

外国人で鹹魚好きというのが珍しかったのだろう。彼女が母親に、私と会うと言うと「鹹魚、持っていけ」と言われ、彼女もまた、私と会う前には、冷蔵庫から鹹魚を取り出して、当然のようにくれるのだった。

手作りの鹹魚は大きな鯛のような魚もあったし、身の薄い鯵《あじ》のような魚の時もあった。くれる方も名前を知らないような魚だ。どんな魚でも、いかにも手作り、という感じがして、いつもありがたくいただいていた。

＊

私は香港で時々、日本語を教えていた。といっても漫画の台詞を解説したり、旅行の時に使う最低限の日本語を教えたりするくらいのものだ。

私が知り合った若者たちは皆、日本のドラマや漫画、ゲームが大好きだった。

日系のスーパーでは日本の食材が何でも買え、新聞や雑誌でも日常的に日本の芸能ニュースが載っている。香港にいると、日本はとても身近な場所に、感覚的にはマカオや台湾と同じくらいの距離感に思えてくる。

しかし東京にいても、香港の日常的なニュースなどはついぞ聞くことはない。今、香港では何が流行っていて、スターがどんなスキャンダルを起こしたかなど知る由もない。この両者の違いは一体、何なのだろう、と時々思う。

私が定期的に日本語を教えていた香港人の一人に、同僚から紹介された、スーイーという女の子がいた。私は彼女のことは日本式に「スーイーさん」と呼んでいる。

毎週一回、油麻地駅の改札口で待ち合わせ、麺を買って帰り、家で食事をしてから日本語を教えた。

彼女はあだち充の漫画『タッチ』の大ファンで（兄弟が男ばかりだからかもしれない）、日本語の勉強というのは『タッチ』の台詞で分からないところを私が解説したり、世間話をする、といった程度のものだった。

彼女は日本のドラマも大好きで、いつか、もし機会があったら日本で仕事をしてみたい、と言っていた。

大したことは教えることができなかったけれど、彼女とは本当にいろんな話をしたと思う。私は日本に戻ってからも一、二年に一度は香港へ行き、スーイーさんも同じくらいの頻度で日本に来るので、今も年に一、二度は会っている。

ある年、香港へ行き、昔のように油麻地の改札口で彼女を待っているとスーイーさんは短髪の男性と一緒にやってきた。

彼はにこにこしながら抱えていたダンボール箱を私に手渡した。中には鹹魚と蝦干《はーごん》と醬《じょん》（調味料）の瓶が山ほど。

「鹹魚が好きだって聞いたから。本当は家で作ったのをあげたかったけど、時間がなくて。全部、大澳《だいおう》のだ。蝦干は洗って酒と一緒に蒸すといい。調味料の使い方は……分かるだろ？　みんな似たようなものさ。野菜炒めに入れても、麺に入れてもいいし」

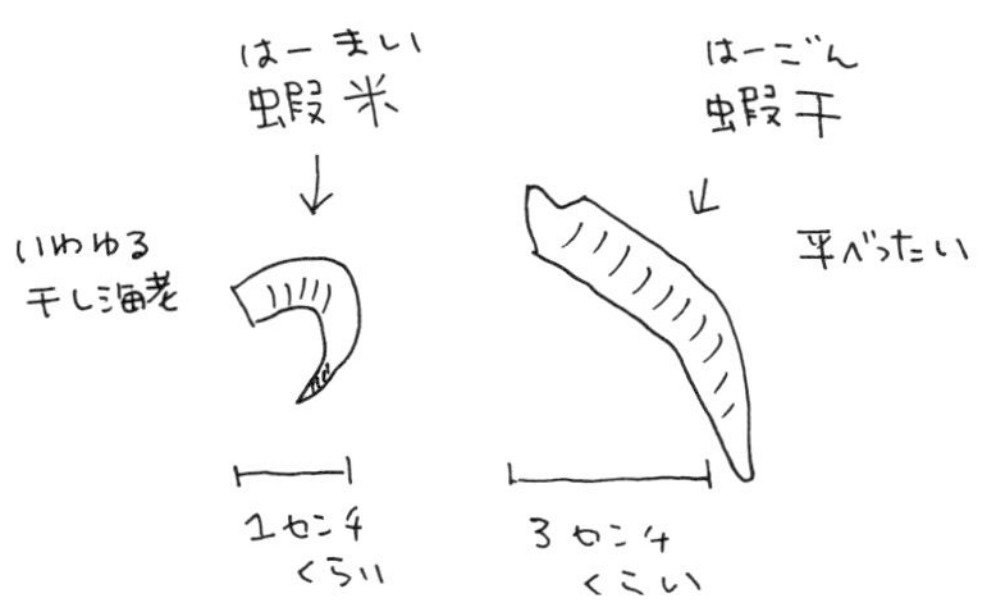

彼は大澳出身なのだという。調味料の中には私が初めて食べるものもあった。

醬には伝統的なものだけでなく、八〇年代、ペニンシュラホテルのレストラン、嘉麟楼《がーろんらう》が考案したXO醬のような新しい醬もある。材料は貝柱、中国ハム、唐辛子、干し海老、にんにくや香辛料、油など。「食べるラー油」はXO醬をヒントにしたのではないかと私はにらんでいる。

日本人は料理の味が薄い時は醬油、と思う。けれど香港では點心などに醬油をつけることはほとんどない。つけるとしたら辣椒醬《らーじうじょん》という唐辛子ソース、高級店ならXO醬だ。

貝柱や中国ハムなどの高級食材を使うXO醬は値段が高い。しかし以前、私が買った一五ドル（約二〇〇〇円）のXO醬は、名前はXO醬でも、貝柱や中国ハムは一切れも入っておらず、主原料は干し海老。それでも結構いけた。「三文魚《さんまんゆー》（鮭）XO醬」なるものもあって、日本人の友人いわくご飯の上にそのままのせると美味しいという。

スーイーさんの新しい男朋友《なんぱんやう》（恋人の意味）にもらった「醬」の中で初めてのものは三種類。

「銀蝦醬《がんはーじょん》」は銀蝦というアミの唐辛子油漬け。チクチクした殻の歯ごたえがある。

「蝦干醬《はーごんじょん》」は貝柱、干し海老、銀蝦や唐辛子がモロモロの粉状になっているものが油に漬かっている。旨みがあるXO醬タイプ。

「鹹魚醬《はむゆーじょん》」は名前の通り、ほぐした鹹魚を油漬けにしたもの。

そして出色なのは「蝦干」だった。

蝦干は三センチくらいの海老を縦半分に開き、干したもの。一般的な干し海老は「蝦米《はーまい》」という。蝦干は高級品である。

まずは言われた通り、洗って紹興酒と一緒に蒸してみた。海老の味が濃く、スルメのような歯ごたえがある。ご飯のおかずにも酒のつまみにもよさそうだ。

次に水で戻してから刻み、豚ひき肉と混ぜて焼売を作ったら海老焼売の味になった。

蝦米はあくまでダシ用だが、蝦干はダシが出るだけでなく本体も美味しく食べられる。感激し、思わず「これからはもう蝦米は買わず、蝦干一筋でいくぞ」と決心したくらいだ。鹹魚も焼いたり蒸したり、野菜炒めに入れたりしてちまちまと食べきった。


そして一年後、スーイーさんから結婚式の招待状が届いた。相手は鹹魚をくれた青年だ。私はすぐに出席の返事をした。

彼の出身地、大澳は大嶼山（ランタオ島）の沿岸部にある小さな漁村である。彼の家も元は漁師だといっていた。今でも彼の家は新年、真夜中に正月の料理を食べるという。新年でも漁は休まず、早朝から海に出るので、その前にご馳走を食べた習慣の名残だそうだ。

大澳といえば蝦膏《はーごう》の産地。大澳で蝦膏づくりが始まったのは一八九〇年代という。銀蝦を磨り潰し、塩を加えて固め、竹ざるにのせて日光で干し、発酵させた灰色の、匂いの強い調味料。野菜炒めなどに使う。

柔らかいものを蝦醬といい、固めたものを蝦膏と呼び分けるが、味は似たようなものだ。

そして大澳といえば、もう一つ有名なのが海中に柱を立て、その上に家を作るという、独特の建築様式である。

しかし九〇年代の終わり、この海の家が老朽化していて危ないと、香港政庁は海の家を壊して新しい住宅を作りたがっていた。村人の間では再開発に対する反対運動が起こったが、二〇〇〇年に原因不明の火事が出て、多くの住宅が焼けてしまった。

この時に誰もが思ったのは、火事は不慮ではなく故意だろうということ。そしてこの事件で大澳はすっかり有名になった。

思いかえせば、スーイーさんはその頃、「大澳生まれの友達を助けたいから」と言って反対運動に参加していた。この友人が、あの彼だったのだろう。

結婚式のために香港へ行った時には、蝦干を買いに大澳まで出かけた。

年々、地下鉄があちらこちらにニョロニョロと伸びている香港だが、大澳へ行くには駅からバスに乗りかえて三〇分。まだまだ不便な場所だ。

そして週末には香港人観光客が訪れる人気スポットになっている。香港島や九龍の中心部に住んでいる人々は新界や離島へ行くと、懐かしいと喜ぶ。東京でいえば下町的な、古き良き、自分たちが失ってしまったものを郊外に求めているのだ。

私が行ったのも日曜日だったので、バスは香港人観光客で満員だった。村に着いてからも、浅草の仲見世を歩くように細い路地を都会人たちと一緒にぞろぞろと歩いた。

今では地元の住人たちは魚介類の加工品を作って売っている。路地には乾物の店が立ち並んでいて、小母さんが小さなスルメや黄花魚《うおんふぁゆー》（キグチ）の干した卵を網で焼いて売っている。なんとなく日本の漁村にもありそうな風景だ。

名前に「黄」の文字があるように、身体が黄色い黄花魚は五、六〇年代には海が黄色く見えるほど、たくさん採れた魚という。

おじいさんがクラッカーに水飴を挟んだ駄菓子を作りながら売っていて、飛ぶように売れていた。これも香港人は懐かしがる、五、六〇年代のおやつの定番だそうだ。

海沿いでは、小母さんが観光ボートを出していた。新商売だろうか、船着場には香港に生息するピンクイルカの写真や大嶼山の大仏の写真などが飾ってある。一五ドルだか二〇ドルで、大澳の周りを小型ボートで回るという。観光ついでに乗ってみた。一〇分ほど、海をぐるぐる回って大澳の家々を海から眺めるだけ。ピンクイルカも大仏も一切、関係なし。看板に偽りあり、だ。

しかし、件《くだん》の火事で焼けた住宅群を海から眺めることができた。燃えてしまった箇所を銀色の金属板で修復しつつ、残っている家々もあり、一種異様な雰囲気をかもし出していた。海面に銀色の小屋が続いている光景は、ＳＦのような、人が住んでいることが信じられないような、ここは火星か？　という雰囲気だった。

しかしここには火星人ではなく、ちゃんと人が住んでいて、おばあちゃんがふらふらと出てきたりするし、海の上なのに犬だって飼われているのだ。

＊

数日後、香港島の料理屋で行われた結婚式には、大澳の住民のほとんどを招待したそうで、朝からバスをチャーターし、会場は村の小父さん小母さんでいっぱいだった。

香港の結婚式では会食の前に、麻雀をして待つ（＝任意）。私が会場に着いた夜の八時頃は、まだ皆さん、ジャラジャラと卓を囲んでいる最中だった。指定のテーブルに座って待っていると、麻雀の卓が片付けられ、食事となった。

結婚式の時に供される晩餐メニューは、いつでもどこでもだいたい同じ。

叉焼、くらげ、焼肉（豚を皮ごと焼いたもの）、乳猪《ゆーじゅー》（子豚の皮を焼いたもの）などの前菜から始まり、ふかひれのスープ、蒸した魚、鮑《あわび》とガチョウの手羽の煮込み、肉料理、野菜料理、炒麺と炒飯、デザートと果物で終わる。

日本人は香港のご馳走といえば「鮑」と「ふかひれ」を挙げる人が多いが、この二つは結婚式や新年会など、あらたまった席での食事には必ず出てくる食材。逆にあらたまった席でなければ、普段はまったく食べる機会はない。

私が座った円卓は、スーイーさんを紹介してくれた元同僚と同じテーブルだった。彼は「やだやだ。俺、ここんところ、何度、ふかひれ食ったか分かんないよ」と、人の結婚式に呼ばれてばかりで独身の自らを嘆いていた。

思いかえせばスーイーさんと知り合ってもう一〇年以上になる。いやいや、お互いにいろんなことがありました、本当に良かったねえと、ふかひれスープを啜りながら、私はしみじみと思ったのであった。

彼女は美人だし、なにより気風《きっぷ》の良い人である。賢いのに意地悪なところが全然ない。働きながら大学へ通い、大手の銀行に勤めていたが、お高くとまったところがなかった。

恋愛においては悩み多き人であった。

思えば彼女が恋に悩む時、いつも隣には麺を啜る私がいたはずである。

知り合った当時、彼女は、長年つきあった彼に突然別れを告げられた後で、男性不信に陥っていた。突然、新しい彼女ができたから別れると言われたという。彼とは毎日会っていたし、いつも優しくて、途中で態度が変わることもなかった。だから別れは青天の霹靂《へきれき》でまったく予想していなかったのだそうだ。

新しく好きな人ができても、猛烈に悩んで、なかなか踏み出せない。思い切ってつきあってからも、喧嘩が絶えないなど悩みは続いた。そのたびに私は麺を啜りながら、スーイーさんの話に耳を傾けた。

彼女に教わった食べ物がひとつある。鯇魚《わんゆー》や鱔魚《しんゆー》（田鰻）の皮を揚げた、炸魚皮《じゃーゆーぺい》だ。

いつものように二人で持ち帰りの麺を注文し、店先で待つ間、「あれ、食べたことがなくて」とガラス瓶に入った魚の皮を指さしながら言うと、彼女は「美味しいですよ。マヨネーズをつけて食べると特に美味しい」と追加で買ってくれたのだ。

もともと、魚蛋を作る時に残った魚の皮の利用法だったという。日本人も魚を粗末にしないが香港人も同じだ。魚の皮さえ、食べる。

炸魚皮は、臭みはないが味というほどの味もないものだった。たぶんそこがいいのだろう。麺に入れて少しふやかして食べても美味しかった。

鹹魚や雑魚で作ったさまざまな醬、炸魚皮も、かつて香港が小さな漁村だったという歴史を感じさせる。そして漁村という、香港という土地のルーツである姿を今も残しているからこそ、大澳は香港人にとっても特別な場所になっているのかもしれない。

＊

私が日本へ戻ってからも彼女は時々、東京に遊びに来た。「ドラマでキムタクが屋台のラーメンを食べていたので食べてみたい」と言われ、新宿で屋台のラーメンを啜りながら私は、新しい恋に踏み出そうか迷う、彼女の話を聞いた。

そして香港へ戻った後、彼女は大澳の彼とつきあい始め、めでたく結婚の運びとなったのだ。もともとほっそりしていたのに、式のためにダイエットし

鹹魚蒸肉餅

【材料】
鹹魚１切れ　豚ひき肉250ｇ　馬蹄（黒グワイ）４個（刻む。中華食材店で缶詰が手に入る。ない場合は省いても可）　生姜３片（細切り）　油少々
［調味料］醬油（生抽）大さじ½　紹興酒大さじ½　コーンスターチ小さじ１

【作り方】
- フライパンに油を入れて火にかけ、鹹魚の表面を軽く焼いておく。
- ひき肉と馬蹄、調味料を加えてよく混ぜる。
- ひき肉をまとめ、平たくて丸いハンバーグのような形に成形してから皿に置く。真ん中に鹹魚をのせ、熱した油をかけ、生姜をちらす。
- 蒸し器で８分ほど蒸す。

たという彼女のウェディングドレス姿はいつもより一層、美しかった。

油麻地の改札で初めて彼と会う前、私はスーイーさんから「でっかいひとで、禿《は》げているんです」という、新しい恋人についての情報を得ていた。

しかしダンボール箱をもって現れた彼は太っているのではなく、背の高い、がっしりした体格の青年だった。後から聞いたところによると、村のドラゴンボートチームのメンバーだそうだ。確かにやや禿げているが、短く刈り込んでいるので気にならない。つるっと、血色の良いお顔立ちは、なんとなく辮髪《べんぱつ》が似あいそうな、時代劇風の好青年である。情に厚い感じ、といえばいいか。

日本では辮髪を見慣れないので「辮髪が似あいそう」なんて奇妙かもしれない。しかし香港のテレビドラマの時代劇を長年、見るともなしに眺めているだけで、辮髪が特に変だとも思わなくなってくるものである。もちろん、自分の恋人が辮髪だったら、嫌だろうが。

長生きの秘訣と市場

日本に戻った今も、何を食べようかと思う時、「胡瓜か。〝涼《りょん》〟だなあ」とか、「揚げ物は〝熱気《いっへい》〟だし」と、頭の中で考える。

この〝涼〟〝熱気〟というのは、中国医学による、食べ物についての性質の分類だ。香港に住んだら門前の小僧よろしく、私もなんとなく覚えてしまった。

中国は古《いにしえ》より、「陰陽《いんよう》五《ご》行説《ぎょうせつ》」を唱えてきた。一切の万物は陽と陰の二つの気によって生じる。世界は五行（木・火・土・金・水）によって構成され、互いに影響を及ぼす。五行の中でも木、火は陽に属し、金、水は陰に、そして土はその中間にある。

この陰陽五行の考え方が、中国医学の基本だ。人の体質や食べ物もまた、五行よって分類され、食べ物は「寒《ほん》・涼《りょん》・平《ぺん》・温《わん》・熱《いつ》（性質の強度もこの順番。寒は涼より冷たく、熱は温よりも熱い）」の五種類に分類する。

目指すべきはやはり、孔子も説いた「中庸」なのだ。心身のバランスが良ければ病気になりにくい、という。体質（この場合の体質は不変ではなく、体調等で変わるものだ）が「熱」なのに「熱」

の食物ばかり食べたり、「寒」の人が「寒」の食物ばかりとったりしてはいけない。

中でも、人々は「熱気（熱）」、特に「太熱気《たいいっへい》（熱が過剰になること）」を非常に恐れているようだった。普段から

「あー、それは熱気だから、食べ過ぎちゃダメだよ」

「今、私、熱気だから、手羽のから揚げはやめとこうかな」

という具合に「熱気」という単語が会話の中で頻繁に出てくる。

ではどういう食物が「熱気」なのか？　揚げ物、チョコレート、ポテトチップス、辛いもの……要はカロリーが高いもの、ニキビができやすいような食物は「熱気」と考えていい（香港では、ニキビができるのは「熱気」のせいだと考えられている）。

意外なところだと、荔枝《らいじ》（ライチ）や芒果《もんぐぉ》（マンゴー）も〝熱〟。こってり濃厚な榴蓮《らうりん》（ドリアン）も〝熱〟なのはいかにも、という気がする。

料理屋では頼まなくても、食事の最後に〝寒〟の西瓜《さいくぁ》や緑豆沙《ろくだうさー》（緑豆汁粉）がサービスされるのは、ご馳走を食べて溜まった熱気を解消するデザートでバランスを整えて下さい、という、客の健康を考えた店側の配慮なのだ。

このあたりの徹底ぶりに私は、本当に感心してしまう。ご馳走の後にマンゴーやライチは決して出てこない。

そして皆が当然、と思っているせいだろうか、香港では「医食同源（病気を治すことと食事をすることの本質は同じであるという考え）」という言葉を聞いたことがないのだった。

香港人は私たちが思う以上に魚と野菜をよく食べている。魚は揚げるよりも蒸す、あるいは「煎《じん》（炒め焼き）」にすることが多い。

野菜は炒めるか、油を少量入れた湯で茹でて、オイスターソースをかけた油菜にする。火を通すとかさが減るので、たくさん食べられる。市場で野菜は一斤（約五〇〇グラム）単位で売られていて、皆、袋いっぱいに買っていく。

彼らは食べ物の焦げを「癌《がん》になる」と嫌うので、焦げのある料理はほとんど見当たらない。蛋撻《だんたっ》（エッグタルト）も、ポルトガル式は表面に焦げがあるけれど、香港の蛋撻は焦がさない。

こうした細かな日々の努力あってか、香港は世界第一位の長寿国（国、ではなくて地域だが）だ。二〇一五年の厚労省の発表では、女性の平均寿命の上位一位は日本（八七・三二歳）で香港は二位の八七・〇五歳。男性は一位の八一・二四歳（日本は四位で八〇・七九歳）。

＊

熱気の食べ物をたくさん食べてしまったら、どうしたら良いのか？　私はよく「涼茶《りょんちゃあ》舗《ぽう》」では「廿四味《やーせいめい》」を飲んだ。すると、なんとなく熱気がひいていくような気がした。

街のあちこちにある「涼茶舗」では伝統的な中国のハーブティを売っている。真っ黒で苦い「廿四味」、薄甘い「五花茶《んーふぁちゃあ》」、目に良い「菊花茶《ごっふぁちゃあ》」。立ち飲みが多く、店先には涼茶が注がれた茶碗が並び、埃が入るのを防ぐため、薄いガラス板で蓋がしてある。

ガラスを使うのは茶の種類が一目で分かるからだろう。湯気のしずくが板の内側に溜まっているのが見える。注文すると、適度に冷めた碗のガラスを取ってくれる。

店内にテーブルがあるなら、「亀苓膏《ぐぁいれんごう》（亀ゼリー）」もあるだろう。亀苓膏は土茯苓《とうふぉっれん》、雞骨草《がいくわちょう》など、二〇種類前後の薬草に亀（伝統的にはリクガメの金銭亀を使う）の腹側の甲羅を煮込んでから、蒸し固めたもの。プリンのように蛋白質が凝固しているので温めても溶けない。冷たいものと温かいものの二種類から選べ、砂糖やシロップをかけて食べる。

日本のガイドブックなどではよく「美容に良い」と書かれるが、身体を冷やすので、万人に良いとはいえない。香港ではニキビや皮膚病に効くといい、ニキビ面の中学生が一人で食べている姿をよく見かける。また一時は癌に効くと謳う店もあった。ある人は

「以前、背中に湿疹がたくさんできて、西洋医へ通っても全然治らなかったの。友人から亀ゼリーを勧められて、半信半疑で毎日食べたら治ったわ。それからはよく食べるようになった」と言っていた。

慣れると、苦みの中に仄《ほの》かに感じられる薄荷《はっか》の風味が爽やかだ。涼茶にせよ亀苓膏にせよ、薬効を期待する、一種の薬のようなものだ。

*

ある時、友人が「私は菜心《ちょいさむ》、あんまり好きじゃない」と言った。

菜心は若い菜の花。クセがなく、通年ある、最もポピュラーな野菜の一つ。香港では菜心を食

べる機会がとても多かった。

外食時、人数が多い時はよく、野菜を指定する「炒菜《ちゃうちょい》（野菜炒め）」を頼んだ。この時、選択肢の中に必ずあるのが「菜心」で、大抵「じゃあ、菜心で」となるのだ。

会社でも同僚たちの弁当（前日の夕食の残りと飯を詰め、電子レンジで温めて食べる）を覗くと菜心が入っていることが多い。だから皆、菜心が大好きなのかな、と思っていた。しかし友人は「マミーが菜心は〝平〟で障りがないからって、家ではしょっ中、菜心が出るんだよ」と言う。

なるほど。菜心人気の理由の一つは〝平〟である、というところにもありそうだ。

ちなみに他の〝平〟の野菜というと、スナップエンドウ、芥蘭《がいらん》（アブラナ科の葉野菜。これも菜心と並んで香港ではお馴染み）、豆苗《だうみう》などがある。

主食である米や麵類、パスタ類は〝平〟。当たり前な気もするが水も〝平〟である。

意外なところでは、叉焼や砂糖も〝平〟だ。

魚介類では、鯪魚《れんゆー》（コイの仲間）、烏頭《うーたう》（ボラ）、イカや平目、鰯や鰹が〝平〟。果物なら林檎、ぶどう、パパイヤ。

そして豚肉は〝平〟なのだ。人々が「肉といえば豚」とばかり、豚肉を頻繁に食べるのもうなずける。豚は内臓類もみんな、〝平〟。

野菜はレタス類やクレソン、香菜は〝涼〟と、冷たい性質のものが多い。

香港では定番の白菜《ばくちょい》（青梗菜に似た野菜で日本の白菜とは違う）やほうれん草は〝寒〟。暑気払いになる苦瓜《ふーぐぁ》や冬瓜《どんぐぁ》も〝寒〟で、やはり理にかなっているような気もする。

そして、生のトマトや大根は〝涼〟だが、火を通すと〝平〟になる。食物は蒸したり煮たりすると性質が変わり、中庸になる傾向がある。中国料理のほとんどが、材料に火を通す理由の一つは、この考え方にあるのかもしれない。

日本で困るのは熱気だと思っても、駆け込める涼茶舗がないことだ。日本に留学していた友人は

「緑茶は〝寒〟。だから私は日本で熱気の時は緑茶を飲んでいた。あとは海草。ワカメ、寒天も〝寒〟。ところてんを食べなよ」と言う。

また香港では熱気が怖くて、身体を冷やすことばかり考えていたが、日本は香港と比べ、気温が低く、冬は寒い。我が家はぼろ家なので冬は家の中でも息が白くなる。身体を温めないと、と思うようになった。

身体を温める〝熱〟の野菜といえば、にんにくと生姜。唐辛子や胡椒などのスパイス類、韮《にら》や葱、春菊は〝温〟。

羊肉や牛肉も〝熱〟だから冬にはせっせと食べた方がいいだろう。また鶏肉は〝温〟で、香港では夏はあまり食べるなといわれた。

このように、一度意識しだしたら、毎日の食事の前にもちょっと考えるクセがついてしまった。カロリー計算も同様だけれど、知らなかった頃のように、欲望のままに食べたいものを食べる、という無邪気なことはもう一生、できないと思う。

香港には中医《ちょんいー》（中国医学の病院）と西医《さいいー》（西洋医学の病院）の両方があり、人々はどちらも利用している。

たとえば、風邪で熱がある時は西洋医へ行って薬を飲む。症状がおさまってから、あらためて中医に行く。西洋医の薬は即効性があるけれど、刺激が強いので身体のバランスが崩れてしまう。中医の薬は身体に優しいが即効性はない。だから、西洋医の薬で崩れた身体のバランスを中医で整えるのだという。

＊

中医の薬は漢方薬だ。さまざまな生薬《しょうやく》を二、三時間煎じて作る。その味といったら苦くて、酸っぱくて。廿四味とは比べものにならない飲みにくさだ。

そして最低でも一週間、毎日煎じて飲まなければならないし、長期で飲むことも多いので、街市《がいしー》（市場）の中にある漢方材料店などには中医が常駐していて、生薬を売るだけでなく、代行して煎じてくれるサービスがある。

市場は香港での暮らしには欠かせない場所だ。家の近所にあった油麻地《やうまーでい》街市は、数百メートルに渡り、両脇に店舗、その間に屋台が並んでいるので、店の数は相当なものだった。

市場の店主は老若男女、老人も少なくない。市場の仕事は重労働と思うが、皆、一国一城の主《あるじ》として、毅然として商売している。

同じような商品を扱う店が何軒もある中、通ううちになんとなく、馴染みの店ができる。肉はここ、果物はここ、漢方の生薬を買うならここと、私も大体、買う店は決まっていた。

　生姜やにんにく、唐辛子、馬鈴薯や人参などの根菜類を扱う屋台のおばあさんは七〇代か。細くて、日に焼けていて、長い髪を三つ編みにして座っている。ちょっとネイティブ・アメリカンのようにも見えた。フォトジェニックで、写真に撮ったら絵になるだろう、と私はいつも思っていた。

　ここでは何を買っても値段はたいてい「五蚊《んーまん》（五ドル＝約七〇円）」。それが安いのか高いのかよく分からなかったが、まあ、安かったと思う。

　顔見知りになってもにこりともしないし、何も話さない。ただ、私が選んだ品物を一瞥《いちべつ》して「五蚊」と言うだけだ。しかしいつの間にか、目の奥が笑うようになったので、こちらを覚えたんだな、と分かった。

　もう一人は香菜と青葱だけを売る丸顔のおばあさんで、腰が曲がっていた。

　香菜だけ、青葱だけ、両方が半分ずつ、どれも一束にまとめたものを藁でくくり、ミカン箱のような小さな台に並

油菜

【材料】

レタス、サニーレタスなどの青菜　油少々　オイスターソース

【作り方】

- レタスは芯を取って軽く洗っておく。
- 鍋に湯を沸かし、油を少し加える。湯が沸騰したら野菜を入れ、火が通ったら湯をきり、皿に盛ってオイスターソースをかける。

※とても簡単、でも美味しい。菜の花やブロッコリーにも合う。お浸しではさっぱりしすぎて、という時にぜひ試してほしい。

べて売っている。値段はどれも一ドル（約一五円）。

腰が曲がっているせいで彼女は客の顔も見ない。こちらも無言で一ドル出したら、台から欲しい束を勝手に取っていく。

市場というのは荒っぽいところもある。文句を言ったり、言われたり、ちょっとした口喧嘩も日常茶飯事だった。そのせいか、彼女からは一度、

「こんな年寄りから買ってくれて、ありがとうね」と言われたことがある。

誰かに苛《いじ》められたのだろうか。よく見ると、おばあさんの目は赤かった。

市場の屋台は固定式で、夜もそのままだった。この辺りは旺角の風俗街が近いせいか、夜になると娼婦が立った。真っ暗になった市場のあちこちに、ひっそりと立つお姉さんの脇を通って、こちらは帰路に着く。立ち止まったり、じろじろ見たりしないのが、街坊《がいふぉん》（近所の人）としてのマナー、と私は思っていた。

市場の人たちや街娼たち……顔を覚えても話はせず、ただ毎日、姿を見るだけの人。けれど彼らは、私にとってはかけがえのない人々でもあった。なぜなら彼らもまた、私の香港の一部であったからだ。

豆腐と街坊食堂

日本と香港では豆乳の味が違う。

日本の豆乳は大豆の味が強い。一方、香港の豆乳はさっぱりしていて甘くて、乳酸飲料のような味がする。近年、大豆のイソフラボンは女性ホルモンに似ていて、美容にも良いといわれるが、香港では昔から「豆乳は女性に良い」といわれてきた。

原料は大豆と水（と砂糖）だけなのになぜ味が違うのだろう？　と不思議に思っていたら、友人が「作り方が違うよ」と教えてくれた。

日本の豆乳は大豆を水に漬けてから加熱した後に砕いて濾《こ》す。甘味をつける時はその後、加糖する。香港は大豆を水に漬けてから砕き、濾したものに砂糖を加え、加熱するのだという。

試しに作ってみたら、あっけないくらい簡単に、あの爽やかな豆乳ができた。

ただし、砂糖を入れた後は絶えずかき混ぜないと、すぐに鍋底が焦げついてくる。店でも時々、焦げた香りのする豆乳があるが、あれは底の焦げの匂いが豆乳に移ってしまっているのだと気がついた。

淡泊すぎて豆腐はあまり好きではないのだが、香港では週に一度くらいは近所の店で「琵琶豆腐《ぺいぱーだうふー》」を頼んでいた。

豆腐と魚のすり身、卵などを混ぜ、れんげで整形して揚げた料理だ。そのまま、あるいは、あんがかかって出てくる。形が楽器の琵琶のようだから琵琶豆腐という。揚げたてはふっくら、熱々。軽くて、香ばしい。

＊

私は夕食を食べに行く時、二、三人であっても茶餐店や粥麵屋ではなく、料理屋へ行くのが好きだった。定食のある茶餐店や粥麵屋の方が安く済むが、私は夕食に定食や粥や麵を食べるのはつまらないな、と思う方なのだ。

そうはいっても大きな店には行かない。町の食堂のような店へ行く。いわば街坊《がいふぉん》食堂である。

街坊というのは、地元の人、町内の人、ご近所

琵琶豆腐

【材料】

木綿豆腐１丁　魚のすり身（青魚のすり身が良いが白身魚でも可）200ｇ
卵２個　片栗粉大さじ２　小麦粉大さじ１　万能葱２本（みじん切り）　油、香菜、各少々
［調味料］オイスターソース大さじ２　醬油大さじ１　塩、こしょう、砂糖、胡麻油、各少々

【作り方】

- 油と香菜以外の材料を混ぜておく。
- 油をぬったレンゲを２本使い、一方に材料をのせて成形する。中火の油で、中が膨らみ、外はきつね色になるまで揚げる。盛り付けの時に香菜を散らす。
- オイスターソースとチキンスープ、片栗粉で作ったあんをかけても良い。

さん、そんな意味である。近所の人しか来ないような、小さな店で琵琶豆腐を頼んだ。

香港で料理を頼む時は人数＋一皿頼めばいいと昔、本で読み、なるほどと納得していたが、街坊食堂はえてして盛りが良いので、二人で行って三品頼むとたいてい頼みすぎで、二品で十分だ。

二品しか頼めない場合、一品は当然、肉料理となる。もう一品は野菜にすれば健康的だが、だいたい私も友人も野菜なんて、あんまり食べたくない。魚料理は割高なので、店の名物などでない限り頼まない。

じゃあ琵琶豆腐は？　豆腐だからヘルシーだし、揚げ物だから、そこそここってりしてるし、いいんじゃない？　という、いささか消極的な理由で頼むことが多かった。しかし、不味かった、外れだった、ということがなかったから、安心して頼むことができる料理でもあった。

けれど、こんな簡単な料理は高級店では決して頼まなかった。高級店や有名店なら、もっと他に食べるべき料理があるだろうと思う。

今では時々、自分で作る。魚のすり身を入れると、がんもどきではなく琵琶豆腐になる。簡単だが、どこか海の匂いのする、香港らしい惣菜と思う。

レトロ食堂の午後

思い返せば、六年半の香港暮らしの間、つくづく高級店には行かなかった、と思う。普段の外食の時は小さな料理屋へ、昼食は麵か茶餐廳《ちゃあちゃんてぃん》で済ませていた。

茶餐廳は喫茶店兼食堂のような形態の飲食店で、香港らしいといわれるスタイルの一つだ。茶餐廳という名称は七〇年代くらいから使われるようになった。

茶店をさす冰室《ぺんさっ》（あるいは餐室）と、大牌檔《だいぱいとん》（屋台）、粥麵店《じょくみんでぃむ》（麵と粥の店）、西餐店《さいちゃんでぃむ》（洋食店）といった専門店が発展、もしくは合体し、現在のようなスタイルになったという。

お粥が食べたいけれどコーヒーも飲みたい、サンドイッチと炒飯を一緒に食べたいといった、我儘《わがまま》な客の要求に茶餐廳は応えてくれる。定食も豊富で値段も安く、飲み物だけで居座り続けてもかまわない。おまけに朝から深夜まで営業している。

私が住んでいた油麻地には、天后廟の脇に美都餐室《めいどうちゃんさっ》という有名な茶餐廳がある。戦前に広州で創業。終戦後、香港に移ってきた老舗だ。茶餐廳ながら冷凍肉は使わない、定食はおかないというポリシーを持った店でもある。

店内はレトロで美しいタイル張り、窓際の卡位《かーわい》（ベンチシート）も居心地が良い。二階の窓からは天后廟が見渡せ、開け放たれた窓からは心地よい風も吹いてくる。最近は観光客も増えて景気がいいのか、冷房も入れてくれる。

以前、香港の雑誌に「レトロな茶餐廳の条件」というのが載っていた。

一．メニューはテーブルのガラスの下に入っている
一．天井にプロペラ式の扇風機がある
一．床はモザイクタイル
一．ロフト的な中二階がある（昔の建物は天井が高かったため）
一．床にタンを吐くな、という張り紙がある
一．ベンチシートがある
一．パンや菓子を入れたショーケースがある

美都はほとんどの条件を満たしているのではないだろうか。タンの張り紙は記憶にないが、「お一人様、最低、○○ドルの注文をお願いします」という但し書きはあった。友人を訪ねて店に来て、何も頼まないで長居する客に対するけん制だろう。この但し書きがある店は古いですよ、と、香港人に教えてもらった。

店の名物は広州時代からのメニュー「焗排骨飯《ごっぱいくわっふぁん》（ポークチョップライス）」。卵炒飯の上に揚げたスペアリブとトマトソースをかけ、オーブンで焼いてある。あっさり軽い卵炒飯と柔らかいスペアリブ、トマトソースの組み合わせは、ここでしか食べられない。

香港にも日本の洋食のような西餐《さいちゃん》（洋食）というジャンルがある。その歴史は古く、一八四五年、中環に開店した「雍仁會館《よんやんういぐん》」が初の西餐店といわれている。西餐は英国だけでなくロシア料理の流れも汲んでいる。今、その片鱗を感じるのは、定食のスープの定番、羅宋湯《ろうそんとん》（ボルシチ）くらいか。ハーブもスパイスも使わない焗排骨飯はいかにも香港の洋食らしい味がする。

美都では「焗火腿芝士意粉《ごっふぉーとぃちーしーいーふぁん》（ベイクドハムチーズスパゲティ）」も時々頼んだ。スパゲティの上にホワイトソースとハムとチーズをのせて焼いたもの。私にとっては懐かしい西餐の味だ。

一般的に、外国人にとって香港のパスタ類は不味いを通り越して食べるのが難しい、といわれる。どこで食べても茹で過ぎの、ぶよぶよ。茶餐廳の早餐《じょうちゃん》（朝定食）の定番、「通粉《とんふぁん》（スープマカロニ）」も外国人には理解に苦しむ一品だ。湯のように薄いスープに、茹ですぎたマカロニ

焗火腿芝士意粉（ベイクドハムチーズスパゲティ）

【材料】

スパゲティ200ｇ　ハム４枚（細長く切る）　スライスチーズ３枚　好みでパルメザンチーズ　塩こしょう

［**ホワイトソース用**］バター20ｇ　小麦粉大さじ２　牛乳400㎖

【作り方】

- フライパンにバターを熱し、焦がさないように小麦粉を炒めてから、静かに牛乳を加え、かき混ぜてホワイトソースを作る。そこへハムとスライスチーズを加え、味をみて塩こしょうしておく。
- スパゲティは少し固めに茹でてホワイトソースとよく混ぜる。
- オーブン用の器にスパゲティをのせ、パルメザンチーズをかけて200度のオーブンで15分ほど焼く。

※ミートソーススパゲティを焼いた「焗肉醤意粉」も香港の洋食の味。

が浮かんでいる。

　このスープマカロニに、トーストと目玉焼き、そして塩辛いソーセージが朝定食の代表的な組み合わせ。ベイクドビーンズがつくこともある。人々はスープに目玉焼きを投入して食べている。

　これはいわば、イングリッシュ・ブレックファストの香港版なのだ。ベイクドビーンズとトーストの薄さに英国の面影がかろうじて残っている。

　英国のティータイムには、薄切り食パンに胡瓜などを挟んだサンドイッチがつきものという。茶餐廳のサンドイッチには「鶏蛋治《がいだんじー》」という、隠れた名品がある。

　向こうが透けて見えるほどふわふわの泡みたいな食パンに、柔らかく焼いた卵焼きが挟んである。鶏蛋治はどの茶餐廳で頼んでも美味しい。

　しかし食べきれなかったからといって持ち帰ってはいけない。家に帰って包みを開けたらす

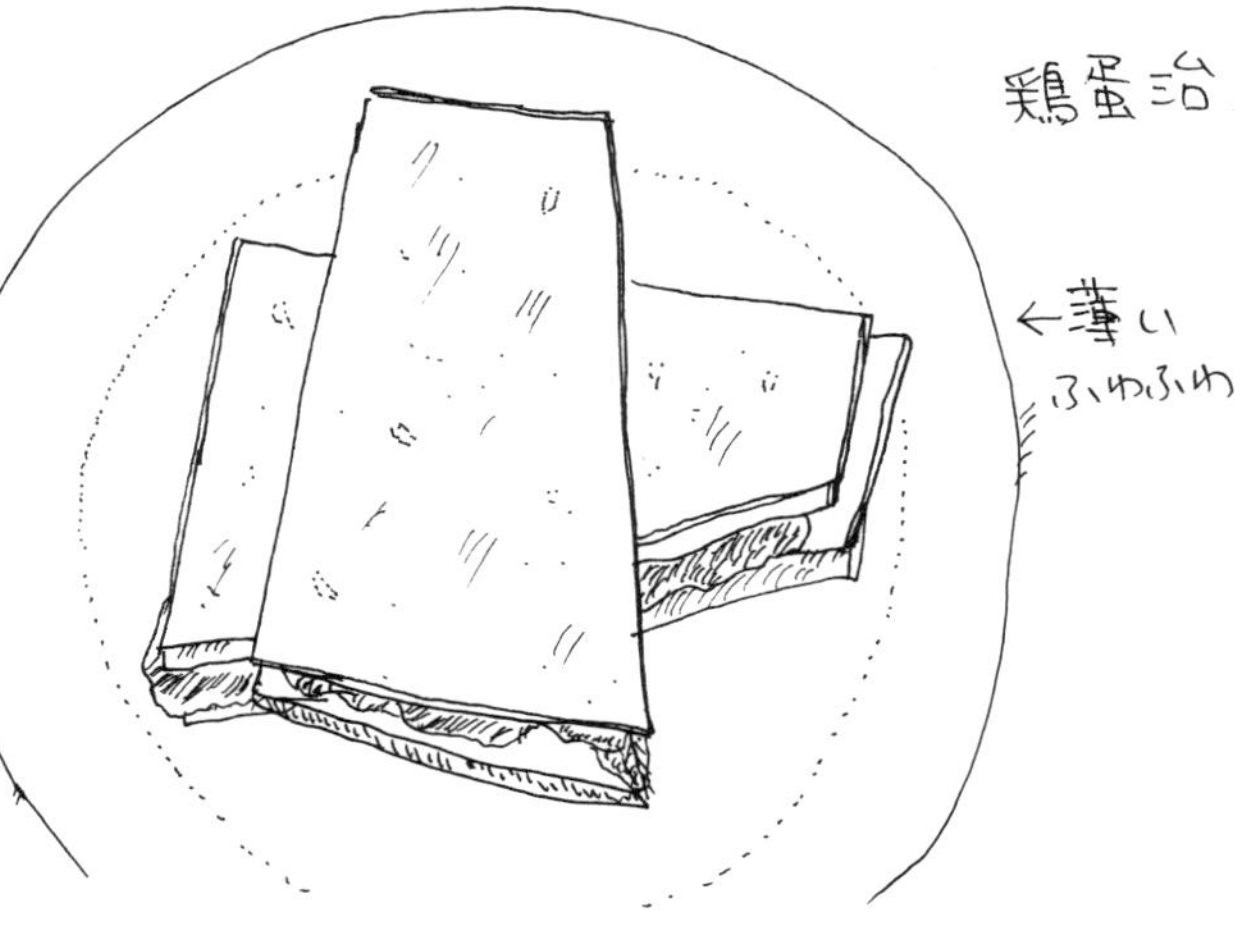

っかり潰れて、濡れたティッシュのようになっている。

昼下がり、冷房のついていない蒸し暑い美都で、窓から天后廟を眺めながら、ゆったりを通り越して、ぐったりしながら食べる焗排骨飯は美味しかった。普段は滅多に頼まない「紅豆冰《ほんだうぺん》（甘い小豆と牛乳を混ぜた飲み物）」でもデザート代わりに頼もうか、という気分になった。

旅行で香港を訪れる人に、私は焗排骨飯も焗火腿芝士意粉も勧めたりはしなかった。もっと美味しい物がいくらでもあるのだから。

けれど香港を離れて時々、ああ懐かしいなと思うのは、土曜の午後によく食べた美都の洋食。そして窓から、何を見るでもなくただ、いつまでもぼんやりと眺めていた、廟街に集まる人々の姿なのだ。

香港麺事情

日本では、蕎麦もうどんもビーフンもスパゲティも、長い食物は総称して「麺」と呼ぶ。中国で「麺《みん》」は小麦粉を原料としたものだけ。米から作った細い紐状の食物は「麺」とはいわない。「粉《ふぁん》」という。

だからビーフンは麺ではない。「米粉《まいふぁん》」という（例外もある。スパゲティやマカロニは小麦粉だが、それぞれ意粉《いーふぁん》、通粉《とんふぁん》という）。

見た目を基準にする日本と、材料で区別する中国という違いは、何かお国柄を感じさせる。日本人は見た目を、中国人は実質を重視する傾向がある、と読みとることもできるのではないか。

香港は小麦粉麺も米麺も、日本よりずっと麺の種類が多い。中でも米の麺はいろいろなものが食べられる。きしめんのような「河粉《ほーふぁん》（沙河粉）」、そうめんくらいの太さの「米線《まいしん》」、スパゲティのような「瀬粉《らいふぁん》」等々。河粉は広東発祥で、ベトナムのフォーは広東語の「河《ほー》」が語源といわれる。この河粉の誕生には逸話がある。

かつて、沙河村《さーほーちゅん》という村で粥を売っていた夫婦が、貧しい老人に粥を恵んでやった。何日か恵んでやった後、妻が病気になった。すると老人がやってきて、米と水を磨《す》ったものを笊に上げ、蒸し、細く切ってから葱や生姜を混ぜて妻に与えた。

半透明な麺の美しさ、米の香気に妻はみるみる食欲を取り戻し、病気も治った。その後夫婦はこの米粉の麺を「沙河粉」という名前で売り、評判になったという……。

話の真偽は眉つばだが、とにかく河粉は広東生まれ。滑らかさが身上だ。原料が米と水だけなので、水の良い場所で作られたものが美味といわれる。

友人から河粉のスープの作り方を教わったことがある。スープのベースは大地魚《だいでいゅー》（平目の干し物）。これをガスレンジで、周りが焦げるくらい、こんがりと炙《あぶ》ってから細かく砕いておく。

別に、白身魚をフライパンで焼く。鍋に水を入れて沸騰させ、大地魚と焼いた魚を加え、しばらく煮る。スープが白濁したら塩で味をつけ、河粉を入れて完成だ。

店で食べる河粉のスープはお湯のように味気ないが、自分で作るとスープに魚の旨味がしっかりでて、とても美味しくできた。


香港で働いていた頃、通勤路では朝、屋台で朝食用の炒河や炒麺や腸粉を売っていた。

真ん中が丸く窪んでいる、麦わら帽子のような形の黒い鉄鍋の、周りの平たい部分に調理済みの麺がおいてある。真ん中だけに火があたる仕組みらしく、注文を受けると麺を真ん中に移して温める。熱くなったら紙の上にのせ、チリソースやピーナッツソース、南乳《なむゅー》で作った甘いソースをかけてもらい、ビニール袋に入れて渡してくれた。

醤油味と辛さと甘さと香ばしさが混然一体となり、ジャンクフード的ではあるが旨かった。

河粉と牛肉を醤油味で炒めた「乾炒牛河《ごんちゃうあうほー》」は食堂の定番料理。油っぽいけれど、辣椒《らーじう》醤《じょん》（チリソース）をつけて食べると旨い、病みつきになる。もともと屋台料理で、料理屋で出すような料理ではなかったとか。乾炒牛河に入っている牛肉は赤身なのに、どこで食べても、なぜだかとても柔らかい。「食粉《せっふぁん》」なる、魔法の粉を使っているからだ。「食粉」の正体は重曹だ。肉にまぶして、しばらく置いてから洗い流すと表面がちょっと溶けたように柔らかくなる。

油をいくらでも吸いこむ河粉とは対照的に、瀬粉は表面がツルツルしていて、炒めても味が染み込みにくい。焼きガチョウをのせた「焼鵝瀬粉《しうごーらいふぁん》」が定番だ。淡泊な瀬粉には脂でこってりしたガチョウがよく合う。

カレー味の「星洲炒米《しんちゃうちゃうまい》」の星洲は、シンガポールの意味。福建系の華僑が東南アジアに移り住むうちに、ビーフンにも南洋風の調味料が加わり、カレー味になったのだという。

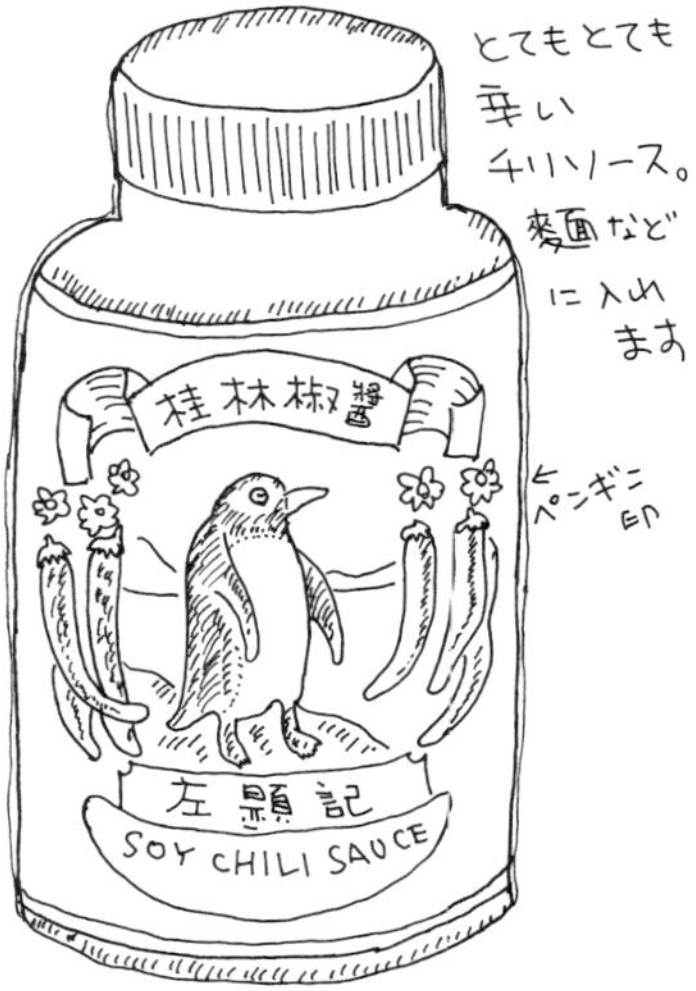
とてもとても
辛い
チリソース。
麺などに入れます
桂林椒醤
ペンギン印
左顯記
SOY CHILI SAUCE

米粉の麺が豊富なのは潮州系の麺屋だ。具は魚のすり身団子。墨魚丸《まっゆーゆん》（イカ団子）、牛肉丸《あうよっゆん》（牛肉団子）、魚蛋《ゆーだん》、貢丸《ごんゆん》（豚肉団子）……。こうした団子は蒲鉾やさつまあげとよく似ている。肉の団子は弾力があり、歯ごたえは「ぎゅんぎゅん」という擬音語がぴったりだ。

　周星馳《ちゃうしんちー》のコメディ映画『食神』の中に、その弾力でゴムボールのように飛び跳ねる「瀬尿牛《らいりうあう》丸《ゆん》」というのが出てくる。実際の団子の食感を知っていると、余計に笑えるシーンだった。

　香港で雲呑麺以外の麺を食べてみたいと思ったら、「車《ちぇー》仔麺《じゃいみん》」の店に行ってみるのも一興かと思う。

　車仔麺は車仔（屋台）という名前の通り、元々は引き売り屋台で売る麺だった。六〇年代後半から七〇年代にかけて登場したものという。当時は朝食や夜食によく食べられていたそうだ。今はプラスティックの碗に入れてくれるが、昔はビニール袋に入れて売ったため、客が自前の器を持って買いに行ったという。

　昔は団地に売りに来ていたんだよと、当時を知る人は懐かしそうに話してくれる。

　車仔麺は、客が麺と具の種類をそれぞれ選ぶ。麺は幼麺《やうみん》、粗麺《ちょうみん》、伊麺《いーみん》、油麺《やうみん》、米粉、粉河、米線、公仔麺《ごんじゃいみん》、烏冬麺《うーどんみん》

など。

公仔麵はインスタントラーメンの麵（本来はブランド名だがインスタントラーメンの代名詞として使われている）、烏冬は日本のうどんの音を広東語に置き換えたもので、何ということはない、パック入りの茹でうどんだ。

私が好きなのは油麵。ちゃんぽん麵によく似た太麵の小麦粉麵で、表面に油をまぶしているから油麵という。

具は、煮た大根、鶏手羽の煮物、豚の血や皮の煮物、スルメのカレー煮、牛のハチノス、茄子の揚げもの、魚団子、ソーセージなど、庶民的なおかずが一〇種類以上。さらにレタス、モヤシなどの茹で野菜もトッピングできる。

車仔麵の具を見る度に、私はいつも敬服してしまう。もう、なんといっていいのか、ワビサビを感じるくらいのつつましい具材もあるのだ。

たとえば手羽の先。日本では「スープ用」と称して売っている部分も「翼尖《いえっじむ》」という名で売っている。周りを赤く染めたソーセージも、できるだけ大きく見せようと斜めに切ってある。

もちろん値段はとても安いのだ。今でも三つ具を選んで三〇香港ドル（約四二〇円）とか、そんなものだ。それでも香港人は「昔はもっと安かった」と過去に思いを馳せる。

車仔麵には何か、庶民の安さへの渇望というか、どんな人でも食べていかなきゃいけないんだから、というような、人々の生活への一種の気迫を感じる。

*

私が麺を食べるのは昼食時、会社の近くの店が多かったが、尖沙咀には車仔麺、中環には雲呑麺、北角には麻辣米粉と、どの街にも、有名でなくても、美味しい店があった。

そして夜、わざわざ食べに行ったのは、鑽石山《じゅんせくさん》（ダイヤモンドヒル）の四川料理屋、詠蓼園《うぃんらいゆん》の担担麺だ。今は高層ビルが立ち並ぶ鑽石山だが、返還後、再開発されるまではバラックが立ち並ぶ、ちょっとスラムのような一画だった。

詠蓼園は創業が戦後すぐという老舗だが、味は香港ナイズされた「なんちゃって四川」だった。山椒はあまり使わず、麺も日本人が考える中華麺に近く、適度に柔らかく、コシもある卵麺で馴染みやすかった。

私はここの担担麺が好きで、事あるごとに友人と行ったし、日本から人が遊びに来ると連れていったものだ。

出前一丁のXO醬炒め

【材料】

出前一丁１袋　韮少々（３センチくらいに切る）　もやし少々　にんにく１片（みじん切り）　油少々

［調味料］海鮮醬大さじ１　XO醬大さじ１　水大さじ３

【作り方】

- 出前一丁の麺を２分ほど茹でておく。
- フライパンに油を入れて火にかけ、にんにく、海鮮醬、XO醬、韮、もやしを入れて軽く炒め、麺を入れて混ぜあわせたら出来上がり。

※インスタントラーメンは通称公仔麺といい、食堂にもある。中でも出前一丁は「１ドル増し」と書かれてあったりするブランド麺。

店が再開発により立ち退きの憂き目に遭った時は私だけでなく、多くの香港人が悲しんだ。それで一度は閉店したものの、しばらくすると紅磡《ほんはむ》のショッピングセンターで再開した。私も一、二度行ったが、当初はいつも行列だったこともあり、いつの間にか行かなくなってしまった。移転してから足が遠のいてしまったのは、やはりあの、店までの道と、レトロな店の雰囲気が良かったのかな、とも思った。

夜、鑽石山の地下鉄を降り、香港らしからぬ、暗くて細い、迷路のような道をしばらく歩くと辿り着く、あの、赤い柵の詠藜園が好きだったのだ。

味というのはつくづく、味覚だけではないと思う。

そして詠藜園は、惜しまれつつも閉店し、しばらく経ってから別の場所で営業するという、その後、香港の飲食店によくみられるパターンの先駆けになった。

閉店する理由は再開発か家賃の高騰だ。けれども数ヶ月後、あるいは数年後に復活することが多いので、私も最近はあまり心配しなくなった。

しかし一度辞めてしまった店は、以前の魅力がどこか、失われてしまっている。長い年月がゆっくり培《つちか》ってきたものを、一度すっかり拭い去ってしまったからだろうか。

だから好きな店には機会があればせっせと通っている。どこも、ずっと健在という保証は、ないのだ。けれど、しっかり記憶に刻んでおけば、きっといつまでも、私の中で生き続ける。

炸子鶏の夜

香港へ行ったらあれも食べたい、これも食べなきゃ、と思う。

スケジュールを考える時にも、この日の昼食にこれを食べて、夕食であれを食べたいから、どこそこの店で友達と会うことにしよう、などと考えながら予定を組む。

炸猪腸《じゃーじゅーちょん》、焼鵝《しうごー》、老火湯《ろうふぉーとん》、咸水角《はむそいごっ》……長い間、食べなければならないリストの筆頭に挙がっていたのは叉焼煎蛋飯《ちゃーしうちんだんふぁん》だった。

最近の筆頭は「炸子鶏《じゃーちーがい》（鶏の丸揚げ）」だ。

鶏を一羽丸ごと素揚げにし、食べやすい大きさに切ってある。包丁の重さで叩き切る、中華包丁が威力を発揮する料理である。

皮はパリッパリ、中はほかほかで、肉汁たっぷり、とってもジューシー。とても美味しい。

しかし住んでいた頃は特に好物ではなかったから不思議なものだ。

香港の鶏は龍崗雞《ろんごんがい》、泰安雞《たいおんがい》といった中国原産の鶏が多い。嘉美雞《がーめいがい》というのは香港産の銘柄鶏で、価格も高め。

鶏肉は皮が真っ白よりも黄色い方が脂があって美味しいという。美味しい鶏肉とは、骨が細く、肉は滑らかで、味わいがしっかり感じられ、皮に弾力があるものだそうだ。

しかしある時、友人が「〇×楼の炸子鶏は調理の前に塩水に漬けているから、いただけないわね。早く調理する方法らしいけど」と言うのを聞いた。塩水に漬ける？ そんな調理法があっただろうか？

一般的な炸子鶏の作り方をみると、鶏を一度、熱湯に漬ける、あるいは短時間煮て、軽く火を通す。それから酢や水飴、調味料を混ぜたものを塗り、数時間、風通しの良い場所に吊るし、表面を乾燥させてから揚げる、とある。風通しの良い場所に吊るしておくのは、北京ダックも同じこと。こうすることで皮がパリッと仕上がるのだ。

調べてみると塩水に漬ける、というのはBrine（ブライン）法というもので、アメリカでポピュラーな調理法という。五パーセント程度の塩水に鶏肉を数時間から一晩ほど漬けてから焼く。試しに家で作ってみると、ブロイラーが妙にジューシーなローストチキンに変身した。これはなかなか良いかもしれない、と思うと同時に、こんな味の炸子鶏も食べたことがある、と思い出した。

塩水に漬ける調理法が悪いわけではないと思う。塩水に漬けなければパサパサで、味の薄いブロイラーなら、ブライン法は有効だろう。

けれど味も良く、みずみずしい鶏肉ならもったいない。食粉（重曹）を使って柔らかくした牛肉にもいえるが、人工的な処理を施した肉は素材の個性が消え、判で押したような均一な味になってしまう。

しかし、ブライン法が横行するような背景が現在の香港にはある。九七年に死者を出した鳥インフルエンザの発生以来、鶏肉事情は悪くなる一方だ。

鳥インフルエンザが登場するまで、香港で鶏肉は市場で生きているのを買うものだった。鳥屋の店先には鶏が入った檻《おり》がいくつもおいてあり、客は鶏を指定して買い、その場でしめてもらう。注文を受けると店の人は檻から鶏を取り出し、小さなナイフでピュッと首を切って、暴れる鶏をそのまま専用のゴミ箱に入れて蓋をする。

しばらくして事切れた鶏を取り出し、羽をむしって、内臓を取り出し、お腹を綺麗にしてくれる。こんな風に手間がかかるものなので、値段も決して安くはなかった。

茶餐店のような安い店では冷凍肉を使っているから、皆、冷凍肉を食べていないわけでは決してない。しかし何よりも食物の鮮度を重視する香港では、冷凍肉は格下で、安いから仕方なく食べている、という感は拭えなかった。

それが鳥インフルエンザの発生で、何十万羽もの鶏が処分され、一時的に生きた鶏が買えない時期が何度もあった。

香港政庁としては生きた鶏を売るのを止めさせたいようで、現在では生きた鶏を扱う店のライセンスを維持するのが難しくなっているという。そんな理由から、今、市場を歩けば、鶏の檻は空になり、代わりに冷凍肉屋が繁盛している。こんな状況では料理屋といえども、冷凍肉を使わないという保証はない。冷凍肉を使う時、ブライン法が使われてもおかしくはないと思う。

そして鳥インフルエンザのせいで、消えてしまったものがもう一つある。「鳥籠のある飲茶」だ。

男性だけが外で朝食をとる習慣から始まった飲茶は、男性の社交場でもあった。小鳥飼いもまた、広東地方では伝統的な男性だけの趣味だ。男たちは、小鳥を自分の相棒のように可愛がる。自慢の小鳥を入れた鳥籠を料理屋に持ってきて、小鳥の声と一緒に點心を楽しむ風景はかつて、香港らしい風景の一つだった。

しかしそれも鳥インフルエンザで消えた。


私は人に「どんなレストランが好き?」と聞かれた時はいつも「古い店」と答える。この「古い」の意味は二つある。

一つは誰でも知っている老舗。もう一つは無名だけれど、昔から近所の人に愛されていて、賑わっている店。

骨香鶏

【材料】
骨つき鶏肉500ｇ　花椒塩小さじ１　片栗粉少々
［漬け込み用の調味料］ 紹興酒大さじ１　生姜の薄切り３片　万能葱２本（細かく切る）　塩少々
［花椒塩の作り方］ 花椒20ｇと塩30ｇを塩が茶色くなるまで、弱火で乾煎りし、最後に胡椒10ｇを加えて軽く炒める。

【作り方】
- 漬け込み用の調味料を合わせ、鶏肉を漬けて30分おく。
- 鶏肉に片栗粉をまぶし、中まで火が通るよう、二度揚げする。
- 食べる時に花椒塩をつけて食べる。

※鶏を丸ごと揚げる炸子鶏を自作するのは難しいが、骨つきのぶつ切り肉を使う骨香鶏なら作りやすい。地鶏で作ってもよさそうだ。

そもそも、旅行中は食べ逃すまい、と思うので予約も入れるが、本当は予約するということ自体、あんまり好きじゃないのだ。

思い立った時にふらっと出かけて、席があって良かったねと、言い合うくらい賑わっているような、そんな店が私は好きだ。

先日、炸子鶏を食べに行ったのは、新蒲崗《さんぽうごん》の「得龍酒楼《だっろんざうらう》」という店だった。従来の店舗だけでは客がさばききれず、隣の建物にも分室があると、そちらへ通された。手狭になったからもっと広い店舗に移るのではなく、同じ建物内や近所内で、どんどん店を拡張していくのだ。

炸子鶏は果たして、皮はパリパリ、白い身はふかふか。香ばしくて美味だった。もちろん塩水などには漬けてない、今日まで生きていた鶏だろう。

帰りは、いい店だったね、また来たいねと言い合いながら、珈琲店を探して、海から吹いてくる夜風にあたりながら、皆で新蒲崗の街をふらふら歩いた。

一様米養百養人（人はそれぞれ）

土鍋でご飯を炊くのが流行っていた時、これで炊いてみようかなと、前から気になっていた陶器の行平《ゆきひら》を買った。

丸々とした、素焼きの鍋に茶色の上薬《うわぐすり》がかかっている行平。昔からあるものだが、その形と色はなんとも可愛らしい。粥用だがこれで白米も炊けるだろうか。

研《と》いだ米に水を加えて強火で火をつける。しばらくすると注ぎ口から、蒸気が盛んにあがる。私はレンジ台へ首を伸ばして香りを嗅ぐ。

これは一種のアロマテラピーではないか。甘く、優しい、米食い人種の乳の香りだ。しばらくうっとりしていると、焦げの匂いがしてくるので火を止めて、蒸らす。

思い返せば香港では煲仔《ぼうじゃい》（土鍋）で米を炊いていた。ただし長粒米だったので、日本の米でもあんなに簡単に炊けるのか、粘りが強いので焦げてしまうのではないかと、試してみるまでは少し不安だった。

しかし炊いてみると長粒米も短粒米も米は米、で、何の違いもなく、あっけないくらい簡単だった。

「あ、煲仔だ。煲仔飯《ぼうじゃいふぁん》ができるね」

日本に留学中の友人、小虎《しょうふー》が家に遊びに来て、行平を見るなり、そう言った。

なるほど。ちょっと底が深いけれど丸い形といい、茶色い上薬といい、陶器の行平は煲仔によく似ている。

煲仔は片手、あるいは両手のついた素焼きの鍋で、一人前の小さなものから、鍋ものができそうな大きなものまで様々なサイズがある。これで煮込みや炊き込みご飯を作る。いかにも脆《もろ》そうで、茶色や黒の釉薬《ゆうやく》がかけてある。買う時はお店の人が水に漬けて水漏れしないかみてくれる。茶色の方が可愛いので私はいつも茶色の煲仔を買っていた。いつも、というのは、何度も割ったり欠けたりして、買い替えたので。

店で使われている煲仔は、底の部分を針金で覆っているものも見かける。こうすると強度が増すのだろう。鋳物の煲仔を使う店もあるが、やっぱり陶器の方が雰囲気があって私は好きだ。

煲仔といえば代表的なのは煲仔飯。冬の風物詩だ。

食堂の店先に煲仔が並ぶようになると「ああ、もう冬だな」と思う。店先で煲仔飯を炊く匂いが冬の乾燥した風に含まれて、街を舞う。その風の匂いを嗅ぐと、いつもどこか、晴れ晴れとしたような、いい気分になった。

研いだ米と水を煲仔に入れ、上に具をのせて、一気に炊きあげる。仕上げに、蓋をちょっと開けて砂糖を溶かしこんだ醬油を回しかけ、しばらく蒸らして出来上がり。土鍋ご飯同様、底のおこげが嬉しい。

私には、忘れられない思い出の煲仔飯がある。八九年に香港を訪れた時、食堂の飲茶で、おじいさんが駅弁のように、煲仔をいくつもいれた箱を首から下げて、回ってきた。一つ取って蓋を開けると、白米の上に大きなハンバーグと生卵がのっていた。箸で崩すと中はまだ赤いミディアムレア。卵をまぶしながら食べたら、甘辛くて柔らかくて、なんて美味しい！と思った。

当時は何という料理かも知らなかったが、今では分かる。「牛肉滑蛋煲仔飯《あうよっわっだんぼうじゃいふぁん》」だ。

料理は今もポピュラーだけれど、飲茶の時、箱を首から下げて回るスタイルはもう何年も見ていない。それに以前は陳皮と香菜がたくさん入っていたが、最近は控えめになった気がする。一見、ハンバーグのようでも陳皮と香菜のせいでエキゾティックな味がしたものだ。

「南乳猪手煲《なむゆーじゅーさうぼう》（豚足の味噌煮込み）」や鶏肉を蝦醬で煮た「蝦醬鶏煲《はーじょんがいぼう》」、春雨と野菜を煮た「粉《ふぁん》絲雑菜煲《しーざっぷちょいぼう》」なども煲仔を使う。どれもちょっと田舎臭い、食堂で出てくるような料理だ。

香港で売られている米はほとんどがタイ産でオーストラリアと中国産もある。かつては香港でも稲作が行われて、「元朗絲苗《ゆんろんしーみう》」という固有種もあったそうだ。

短粒米もスーパーにオーストラリア産が、高級スーパーには日本産やアメリカ産がある。一度、ベトナム産のこしひかりを試してみたことがある。見た目はぴかぴかに光り輝いていて、こしひかりそのものだったが、味は甘味が少なくあっさりとした味だった。こしひかりも寒い場所でないと甘味の強い米にはならないのかな、と思った。

長粒米と短粒米の一番大きな違いは粘り気だ。米に含まれているデンプンの主成分はアミロースとアミロペクチンで、アミロペクチンが多いほど粘りが出るのだそうだ。もち米のデンプンは全てアミロペクチンだ。長粒米の粘りが少ないのはアミロペクチンの割合が少ないからという。

長粒米のもうひとつの特徴である独特の香りは、アセチルピロリンという成分によるものだ。「香りが良くて甘い」のが美味しい米、と香港ではいう。

*

煲仔飯ができるね、といった小虎は私の元同僚。ゲーム会社の制作チームの一人でグラフィックを担当していた。

小虎、というのはもちろんあだ名（広東語では花名《ふぁめん》という）で、「トラちゃん」といったところか。

ゲーム会社ではほとんどの社員があだ名を使っていた。これほどでなくても一般的に、多くの香港人が英語名という通名で仕事をしており、本名はあまり使わ

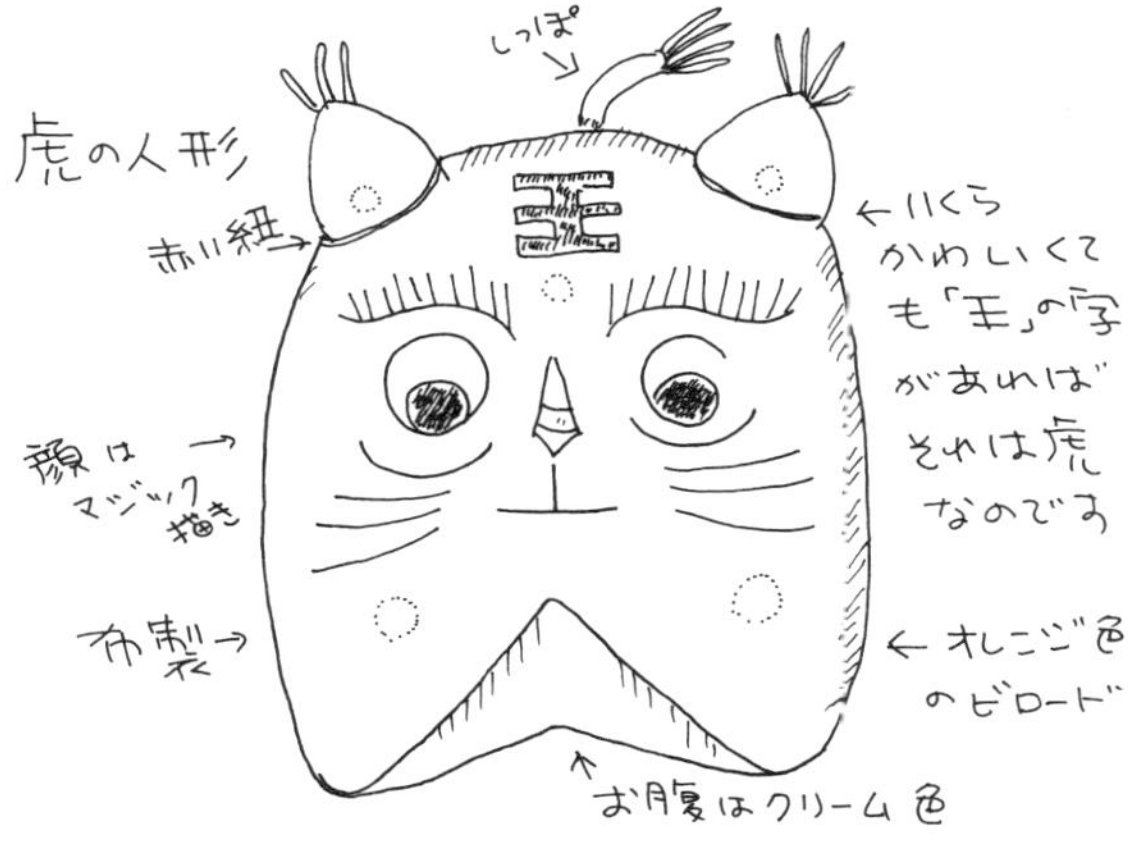

ない。

これは、いわゆる中国式護身術なのかな、と私はぼんやり、思っていた。古《いにしえ》より占いを重要視してきた中国文化圏では、姓名判断されるのを避けるため、親しくない人間には本名を明かさない、という考え方があるという。

私は今でも多くの友人、知人の本名を知らない。

それでも、住み始めの頃は通名に慣れておらず、いちいち本名も聞いていた時期もあったのだ。漢字の名前が「本当の名前」だという思い込みが私にはあった。

しかし聞いたところでまったく使わないので、だんだん止めてしまった。

そしてなぜか、あだ名で知り合った相手に対しては、不思議に本名を聞こうという気が失せるのだった。あだ名というのはキャラクター名みたいなもので、何か本名とは別のリアリティがあるのかもしれない。

しかし小虎というあだ名は香港的とはいえない。

香港のあだ名は、本名の一部の上に「阿《あ》」をつける。「阿」が「ちゃん」、あるいは「君」にあたり、男女共に使える。「阿Q正伝」の主人公、阿Qの阿、である。

だから小虎は、香港式ならば「阿虎」と言うべきなんだろう。「小」をつけるのは北京語圏の習慣だという。だから小虎というあだ名はちょっとフツーじゃない。確か、彼女が子供の頃に描いた漫画のキャラクターの名前だったとか。

実は、小虎は香港生まれの香港育ちだが、両親はインドネシア華僑だ。香港ではインドネシア華僑は珍しくはなく、友人に一人や二人はインドネシア華僑がいる、そんな感じではないだろうか。

当時、私が髪を切ってもらっていた美容師さんもインドネシア華僑だった。店で癌《がん》を患った大きな犬を引き取り、飼っていて

「香港は忙しすぎて、嫌にならない？」

といつものんびりした口調で言っていた。

一緒に働いていた頃の小虎は、出勤前にも後にもゲーセンに寄るというほどゲーム、特に音ゲーと呼ばれるゲームに熱中していた。

初めて一緒に尖沙咀のゲームセンターへ行った時の彼女はまるでガンマンみたいだった。ものすごいスピードで、軽々とゲームをクリアしていく彼女は、他の客たちにも知られている存在のようだった。ゲームセンターは彼女の聖域だった。広いゲーセンを縦横無尽に歩きながら、彼女は幾度も、すれ違う若者たちと軽く挨拶を交わした。その姿はまるで、西部劇のガンマンのようだったのだ。カッコいい！

短髪でボーイッシュ、いわゆるトムボーイ風だが目がくりくりしていて可愛い。しかし本人は悲しそうに言う。

「ジャカルタの田舎にはもう長いこと行ってない。なんでだか分かる？　母が嫌がるんだよ。昔、私はとっても可愛くて、田舎でも可愛い可愛いって、みんな褒めたんだって。でも今は可愛

くないから、みんながっかりするから連れていかないんだって！」

中国人の母と娘の関係については、中国系米国人作家のエィミ・タン『ジョイ・ラック・クラブ』に詳しい。あの本に描かれた母娘関係はリアリティがある。

小虎の両親は留学先の北京で知り合い、結婚して香港に新居を構えたのだそうだ。彼らは華僑であり、客家《はっか》人でもあるので、両親はインドネシア語、北京語、客家語ができるという。客家は多くの華僑を輩出していることで知られている。小虎も北京語を話すが彼女いわく、

「北京語といったって、訛《なま》っていて、他人にはわかんないような、なんちゃって北京語だから」

と謙遜する。

小虎は奇しくも私が日本へ戻ったのと同じ年、会社を辞めて留学生として東京に暮らし始めた。彼女は日本では当然のように日本米を食べていた。

「日本の米が好きだから不満はないよ。日本と香港の米の違いは、食べられる量だと思う。香港ではいつもどんぶりいっぱい食べていたから、日本でも最初は一回に二合くらい炊いていた。でも日本の米はお腹いっぱいになりすぎる。そんなに沢山は食べられないことが分かったよ」

確かに、長粒米は腹いっぱい食べてもあまりもたれない。またあっさりしているから、ついつい食べ過ぎてしまう。

ある日、小虎から、母親が日本に来たので食事に来ないかと誘われた。訪ねていくと、お母さんは香港からおかずを何種類も持ってきていた。店で買った焼肉（焼いた皮つき豚肉）、お手製の

手羽先の醬油煮と豚バラ肉の煮物が食卓に並んでいる。これから白菜の炒め物を作るという。お母さんはにんにくを刻みながら

「これ、日本ではいくらするの？」と、いちいち値段を娘にたずねる。

もちろんすべての人が、というわけではないが、基本的に中国人は物の値段を聞くのが大好き。香港人もまた例外ではない。

好き、というより習い性のようなものかもしれない。今でこそ、値引きのないスーパーでの買い物が一般化し、市場へ行けばどの商品にも値札がついているが、私が住み始めた九〇年代後半でも、市場では今ほど値段の表示はなく、いちいち、聞くことが多かった。間抜け面をしていればふっかけられる。私は住み始めて何年もしてから、豆腐屋のばあさんから二ドルの豆腐を八ドルだと言われ、呆れたことがある。三〇円のものを一〇〇円だという、そのせこさに呆れた。

しかし、そんな市場原理の中では、物の値段を把握しておくことは大変重要だ。

食べ物だけでなく、服や小物なども場所によって値段が違うので、「素敵ね！ それ。いくらした？ どこで買ったの？」という会話が日常茶飯事だった。持っている物を褒められたらまず、次は値段と買った場所も聞かれると思っていい。

特に中高年の女性は、戦後の厳しい時代を乗り切ってきただけに、何事にもあからさまなところがある。彼女たちはいつでも値段を聞きたがる。まるで世界のすべては値段で解き明かせる、とでもいうように。

小虎は最初こそ真面目に答えていたが、母親の

「高いわね。香港なら◯×ドルよ」という、勝利宣言のような高らかな声にうんざりして
「比較するのはもう止めようよ。日本は何でも高いんだから。比べたって、何の意味もないよ」
と悲鳴を上げた。

しかしお母さんは執拗に、テフロンのフライパンをレンジにのせながら
「フライパンは鉄製がいいのに」

レンジの脇のタイルが油で汚れているのを見つけて
「料理をしたら毎回、壁を拭かなくては駄目。ティッシュは使っちゃ駄目よ。布で拭かなきゃ綺麗にならない」と一向に攻撃の手をゆるめない。

すると小虎は炊飯器を開けて反撃に出た。
「こんなにご飯を炊いたの？　食べきれないよ。どうするの？」
「食べるわよ。食べきれなかったら明日、食べればいい」

小虎はにやにや笑っている。母親は日本の米は大量に食べられないことを知らないのだと、日本に住み始めた頃の自分と同じだと、彼女は思っているのだろう。

食卓の準備が整うと、茶碗に山盛りのご飯がよそわれた。

日本人は長粒米が苦手な人が多いといわれる。日本人の友人が多い小虎ですら、香港で日本人と食事をする時には、できるだけ白米を食べないように、つい炒飯などを頼んでしまう、という。

しかし逆はどうなのだろう？　と思い、
「日本の米は嫌じゃないですか？」とお母さんに聞くと

「嫌じゃないわよ、美味しいわよ」お母さんはにこやかに答えた。そして娘や私よりも多く、三回もおかわりした。

事前に、欲しいものがあれば買っていく、と言われていたので腸詰を頼んであった。

「美味しいかどうか分からないけれど」

と、これまた小母さん独特の「謙遜」ぶりを発揮しながら、丁寧に包装された腸詰を下さった。

普段はかなりストレートにものを言う香港人だが、時に自分の手料理を勧めたり、物をあげたりする時には驚くほど謙遜する。年齢が高いほど、その傾向が強い。

娘たちに言わせれば「古臭い」ことだろうが、私は小母さんたちの謙遜は決して嫌いではない。少なくとも悪気はないし、どこか可愛らしくさえある。

「どうやって食べるの？」

興味深げにお母さんが聞く。

「蒸して食べます」

「ご飯と一緒に、でしょ？　それが香港人の一番好きな食べ方よ。最初に熱湯で洗うことを忘れないでね」

お母さんは満足そうにうなずいた。

研いだ米の上に腸詰をのせて炊いてもいいが、炊飯器で米を炊く時、おかずも一緒に作ってしまう、という調理法もある。研いだ米の上に金属製の五徳《ごとく》を入れ、上に皿をのせて炊く。この方法でスペアリブや小魚の蒸し物ができる。腸詰や鹹魚なら、米の上にそのままのせてしまう。こうするとおかずの味や香りが米に移って一石二鳥、というわけだ。

炊飯器の中に金属の五徳！　眩暈《めまい》がするかもしれないが、サイドディッシュを一品増やす時に便利な方法だ。

食事が終わると小虎の予想通り、お母さんはご飯の食べすぎで動けなくなり、ベッドで横になった。それを眺めながら私は広東語のことわざを思い出した。

「一様米養百養人《やっよんまいよんばっよんやん》（百粒の米は百通りの人を作る）」。人は皆、ひとりひとり違う、という意味である。

母親が子供に「知らない人についていっちゃダメよ。一様米養百養人なんだからね」という風に使うものらしい。

短粒米と長粒米は同じ米だが、香りも味も違う。しかしどちらもそれぞれに特徴があり、それぞれに良さがある。そして、どちらも同じよ

豉油鶏翼（手羽先の醤油煮）

【材料】

鶏手羽先750ｇ　万能葱２本（刻む）　にんにく２片（刻む）

［漬け込み用の調味料］生姜の搾り汁大さじ１　紹興酒大さじ１

［調味料］醤油大さじ２（生抽）　たまり醤油大さじ２（老抽。日本の醤油を使う場合は醤油大さじ４に砂糖を少々加える）　水200㎖　塩、砂糖、胡麻油、各少々　油

【作り方】

- 手羽先は漬け込み用の調味料に20分ほど漬けておく。
- 鍋に油を入れて熱し、にんにく、葱、手羽先の順で入れ、調味料を加えて20～30分ほど煮る。最後に胡麻油を少しかけて出来上がり。

※醤油煮込みは、生抽、老抽といった中国醤油を使うことで香港の味になる。日本の醤油を使う時は砂糖を少し加えて甘さを出す。

うに、煲仔で炊ける。

観光する気はないの、ただ娘とおしゃべりしたいだけ、と率直に話す小虎のお母さんを見ながら、思った。

おせっかいで口やかましく、どこまでも支配的な「中国人の母」は一方で、人は皆「一様米養百養人」だと了解しているのかもしれない。だからお母さんの口ぶりは攻撃的であってもどこか、長粒米のようにあっさりと、軽いところももっていた。

愛と憎しみのスティーム・フィッシュ

「彼らに、僕たち香港人の食に対するメンタリティは分からないんだよ」

ここは、ニュージーランド、オークランドの高級中国料理店。

ジェイムズが小さな声でフィリップに向かって、こうつぶやいたのを聞いた時、私も心の中で深くうなずいた。

ジェイムズとフィリップは四〇代後半の香港人。二人は古くからの友人という。フィリップと私は仕事で知り合った。

他に、大きな円卓を囲むのは、ブルネイ人のミスター・チャンと、同じくブルネイ人でミスターの右腕であるマダム・チェン。そしてニュージーランドの大学に留学中で、医学を学ぶ彼女の息子と、今回の訪問先であるペンキ工場の社長夫婦。

私たちは一週間の予定で、香港からはるばるニュージーランドまでやってきた。これから香港でミスターが立ち上げる会社で扱う、特殊なペンキを実際に見るためだった。

よく陽に焼けた細身のミスターは五〇代半ばくらい。ブルネイでは内装工事のビジネスで成功をおさめ、相当なお金持ち、ということだった。今回の渡航費用はすべてミスターが負担していた。

マダム・チェンはジェイムズたちと同世代くらいだろうか。アップにした髪にジャケット、そしてサンダル履きの「南国のキャリアウーマン」だ。彼女もまた、ミスターと一緒にブルネイ、マレーシア、シンガポール、ニュージーランドとあちこち飛び回っているという。夫は亡くなっていて息子がひとりいる。

特殊ペンキというのは、ラメ入りでキラキラ光るものや、塗ると光沢を放ちプラスティックのように見えるというもの。ブルネイ皇太子の家にミスターがこのペンキで内装を手がけた。自慢げに見せてくれた写真には、皇太子邸のラメ入りメタリックブルーのバーカウンターや、外光でキラキラ光る浴槽が写っていた。

これらの製品はニュージーランドのある会社が作っており、製法も特殊なものだという。ブルネイで成功したミスターは、このペンキをアジアで売りだす計画に意欲を燃やしていた。手はじめとして香港に会社を開きたい、と話を持ちかけられたフィリップが、ジェイムズと私を誘い、私たちは未来の香港支社の社員として、はるばる工場のあるニュージーランドまで視察旅行にやってきたというわけだった。

彼らと共に過ごした一週間の間、私は食事の度に「香港人の食に対するメンタリティ」に改めて驚いたり、感心したりしていた。しかしこの旅は、私にとっても、またミスター以外の全員にとってもなかなかにつらいものであったに違いない。

まず、私たちはホテルではなく、ミスターの友人が所有しているアパートメントに滞在しなければならなかった。

三〇畳ほどの居間に、ベッドルームが三つとバスルームが二つ。キッチンと乾燥機つきの洗濯機も完備。入口はホテルのようにカードキーで開くようになっており、キーは二枚しかない。

高級マンションには違いないが、三つしかないベッドに、どうやって大人五人が寝ればいいのか？

当然のように、私とマダム、ジェイムズとフィリップは同じベッドで寝ることになった。

これまでも、香港人と旅に出て、人数分のベッドがなくても誰も慌てもせず、当然のように一緒に寝ることに、私は閉口していた。普段から兄弟姉妹と同じベッドを共有している人もいるので気にならないらしい。

私は他人と一緒に同じベッドで寝るのは苦手だ。相手が友達なら我儘も言えるが、仕事ではそうもいかない。仕方がないので毎夜、マダムより先にベッドへ入り、彼女が寝る頃にはこちらは寝入っているようにした。

初日の夜、ミスターは車で私たちをスーパーに連れていった。ここで材料を買ってアパートで自炊せよ、というのだ。

「この街のレストランはどこもひどい味だよ」

とミスターは言ったが、経費節約の意味も多分にあったに違いない。私たちは苦笑いしながら、キャンプへ行く子供のように、わざとはしゃいでステーキ肉やメロン、卵などをカートに積み上げた。

最初の晩にマダムが作ったタリアテッレは恐ろしい味だった。野菜を入れた湯の中に、電子レンジで茹でたヌードルを放り込んだだけ。塩も入っていない。マダムは

「これは外人（ペンキ工場の社長夫婦のこと）が美味しいって勧めたものよ。やっぱり外人が美味しいというものは駄目ね」

と、こともなげに説明した。

この食事にフィリップは思うところがあったらしい。翌日からは彼が率先してキッチンに立つようになった。

フィリップは小柄で丸顔でマメマメしく、威張ったところがないが、抜け目ない感じのする人である。本業は貿易会社の副社長だが、あれやこれやと副業でいつも忙しい。趣味は日本のアニメのフィギュア集め。人の背丈よりも大きいマジンガーZの人形など、莫大なコレクションを持っていた。

小さな会社の若社長などに彼のような人物がよくいる。日本のアニメが好きでフィギュアのコレクター。失われた短い少年時代を取り戻そうとするかのように、成功した彼らは日本のキャラクターグッズに大枚をはたくのだ。

ジェイムズは、かつては大手の貿易会社に勤めていたそうだが、今は自分で会社を経営している。

「社長といったって俺ひとりの会社だもの。仕事がなければ無職と同じだよ。女房が働いてい

るから生活していけるけどね」

と自嘲気味に話した。

日本の演歌が好きだというジェイムズはいつも
「それは本当にできるのか？」

「もう一度確認した方がいい」

と慎重な発言をするので、信頼がおけそうな人物である。

対してフィリップはいつでも「できるさ」「大丈夫だ」と、常に前向きで無責任。二人揃うとちょうどバランスがとれそうだった。


フィリップは野菜をオリーブオイル入りの湯に放りこみ、茹で上がったところにオイスターソースをかける。鶏肉を炒め、ステーキを焼き、炒飯を作った。普段から料理をする人だとすぐに分かる手際の良さだった。

私たちは毎朝、朝食を済ませるとミスターの運転でペンキ工場へ行き、製造工程を見学し、その種類や性質の講習を受けた。

ミスターもマダムも客家系華僑のブルネイ人で、広東語も話せた。よって私たち香港組とは広東語で、ペンキ工場の社長夫婦とは英語で話す。

社長夫婦のオセアニア訛りも含め、誰もがクセのある英語を話したが、仕事上では何の問題もない。

しかしながら、ブルネイ組と香港組の間には、駆け引きというか、信頼しているような、いないような、微妙な距離があった。

口では「同じ中国人だから」と言うのだが、心の中ではまるでそう思っていない、そんな二重性が潜んでいると私は感じ、華僑と香港人の関係の難しさを初めて目の当たりにした気がした。ペンキ工場の社長夫婦から見れば「どちらも中国人」に違いないだろうが。

ある朝、フィリップはインスタントラーメンにハムと目玉焼きをのせた朝食を作ってくれた。既にパンで朝食を済ませていたジェイムズが

「味はどうだい？」

歌うようにフィリップに聞く。

「旨いよ」

フィリップは目を細めて、嬉しそうに答える。パンなんか、食べなきゃよかったのに、お前損したな、という顔。

「そうだな。どこで作っているにせよ、味の素の味だ、ってことには変わりないよな」

美味というものではないのは分かっている。それでも食べたいインスタントラーメン、なのである。

香港の人々のインスタントラーメン好きは徹底している。ジャンクフードではなく麺の一種、と考えられているようでもある。食堂にも「公仔麺《ごんじゃいみん》」のメニューがある。美味しい物には事欠

かない香港だが、公仔麺や午餐肉《んーちゃんよっ》（ランチョンミート）、五香肉《んーひょんよっ》（豚の角切りをスパイスで煮た缶詰）など、幼い頃から食べつけている食品への偏愛ぶりには驚く。

それは個人の記憶ともかかわっているので、他人には想像できない類のものである。私がソース焼ソバを愛するように、彼らは公仔麺を愛する。

そしてニュージーランド滞在も終わりにさしかかった頃、初めてミスターが「外で食べよう」と言い出した。カードキーが二枚しかなく、一人ではどこへも出かけられない私たちをねぎらう気持ちもあったのだろう。

それまで外食といえば、昼にペンキ工場近くのフードコートで食べるのみであった。フードコートはそれぞれが好きなものを選べばいいので平和なものだ。

フィリップとジェイムズは中国料理と日本食を試し、私はメキシコ料理とギリシャ料理を食べた。マダムは中国料理。ミスターは、どこの店からとってきたのか、いつも茹でた野菜だけを食べていた。ペンキ工場の社長は毎回、マクドナルドでセットを食べた。

皆で町へと繰り出すと夜のオークランドは静まりかえっていた。

この辺りは六時くらいになると、ほとんどの店は閉めてしまうようだった。歩いている人もほとんどいない。中層のコンクリートビルの間に街灯だけがぽつん、ぽつんと光っている。

毎日、車の窓から見る、平屋ばかりの住宅地よりもさらに寂しい感じがする。「巨泉の店」（大橋巨泉が経営していたギフトショップ）という看板が見える。なんだか、ひどく遠いところまで来てしまったような、心細い気持ちになった。

目指すのは、マダムが行ったことのある広東料理店だった。店に入ると、ひと目見て華僑と分かる人々で賑わっていた。

失礼な言い方だが、「華僑ルック」とでも呼びたいファッションや顔つき、というものがあるのだ。靴は革の黒靴で先が尖っている。ズボンは裾へいくほど細くなっている。口の脇にはチョビ髭。田舎風だがなめてはいけない。私が知るカナディアン・チャイニーズの青年は、どこの暴走族かと思われるような風貌だったが、立派な建築家で最先端のビルをいくつも設計していた。ミスターも「華僑ルック」だ。細いズボンにサファリシャツ。尖った靴はイヴ・サンローラン。時計は当然、ロレックス。

しかしメニューを開いたとたん、楽しい外食が緊張に満ちたものになってしまうとは。

マダムが無邪気に

「蒸し魚がすごく美味しいのよ」

と舌なめずりしてみせたのが発端だった。

ではどんな魚があるのかと聞くと、生きている魚は鯪魚《れんゆー》（コイ科の川魚）だけ、あとは冷凍だ、という。

鯪魚は香港ではすり身にして食べる安魚で、蒸し魚にはしない。かといって冷凍も鯛と鮭しかない。中年のウェイトレスは盛んに鮭を勧め、周りを見渡せば、どのテーブルにもオレンジ色の鮭と北京ダックの大きな皿が見える。

鮭を、それも冷凍の鮭を蒸すなんて！　香港組はおそらく全員一致で同じ思いだったろう。フィリップは黙っている。明らかに不快、という顔つきになっている。冷凍の鮭なんて食べないほうがまし、と思っているに違いない。

しかしマダムが大げさに蒸し魚について語った後だったので、魚を頼まないわけにはいかない、という雰囲気があった。ジェイムズも黙っている。フィリップほどの顔つきではないが、自分からは何も言い出さないぞ、と決めている顔。

仕方がないので私が
「鯛は？」

と言うと、すぐにそれで決まった。

伊勢海老なら生きたものがあるというので、芝士龍蝦《ちーしーろんはー》（伊勢海老にチーズソースをかけた料理）に、添え物は定番の伊麵（卵入りの平麵）。あとは無難に鶏肉と野菜炒めを頼んだ。

蒸し魚が運ばれてきた時もフィリップは浮かない顔だった。私は試しに一口食べてみる。身が硬い。私は隣のフィリップに小声でささやく。

「硬いですね」

「そりゃそうさ、冷凍だもの」

「冷凍した魚を蒸すと硬いんですか？」

「そうだよ。だから新鮮かどうかは食べればすぐに分かる」

中国料理の中でも広東料理は「新鮮な材料を活かす」のが特徴といわれる。「清蒸魚《ちんじんゆー》（蒸し魚）」はその典型的な料理だ。作り方は簡単なのだ。軽く塩をした魚に生姜を薄く切ってのせて蒸す。

蒸しあがったら万能葱の細切りを山のように盛り、熱した落花生油、そして砂糖入りの醤油をかけて出来上がり。

簡単なだけに難しいのが、魚の鮮度と蒸し時間だ。時間が長いと身は硬くなるし、短いと身に火が通らない。ここは経験がモノをいう。自分でやってみると、なかなか料理屋のようにはいかない（私はいつも蒸しすぎる。生煮えが怖くてつい、長く蒸してしまうのだ）。

蒸し魚はなんといっても、皿に溜まったおつゆが美味しい。うまく蒸しあがった身を、スプーンでポロリと外し、白飯の上にのせる。さらに葱とおつゆもすくい、ご飯と共にかきこめば、私は幸せを感じる。人間（私だ）は単純で、食べ物は偉大である。

また使う魚によってご馳走にも普段のおかずにもなる。高級なのは料理屋で出てくる老鼠斑《ろうしゅーばん》、星斑《しんばん》など、石斑魚《せっぱんゆー》（以上はハタ科の魚）の仲間。

食堂でよく出てくるのは紅衫魚《ほんさんゆー》（いとより）と鯇魚《わんゆー》（草魚）。川魚の鯇魚はやや泥臭いが香港では大変、愛されている。食堂の定食に蒸魚があったら、たいてい鯇魚か魚雲《ゆーわん》（鯇魚の頭）だ。

上海料理店や潮州料理店にある黄花魚《うぉんふぁあゆー》（ニベ科の魚）も身が柔らかく、脂がのっていて美味しい。

市場へ行くと時々、一〇センチ足らずの、黄花魚のミニチュアのような雑魚がたらいに入って売られている。これは「獅子頭魚《しーじーたうゆー》（ニベ科）」と呼ばれる地場もので、香港人にとっては郷愁をそそる魚。

そしてどんな魚でも、生きたものを使うのが蒸し魚の基本。まあ、市場では生きていても、買って家に戻る頃には、ほぼ死んでいたりすることもあるけれど。雑魚なら死んだ魚を蒸すこともあるが、たらいや水槽の中ですいすいと泳ぐ魚がいくらでも買える香港では冷凍ものは論外だ。

ということで魚の種類を考えても、鮭は蒸し魚に適していない。鯛もきわどいところだが駄目。白身で、腹のところがぼってりして、身の柔らかい魚、ヒレがトゲのように鋭い魚がいい。日本の魚ならカサゴ、イシモチ、金目鯛あたりが良いかなと思う。


出てきた芝士龍蝦はバターが多すぎてくどく、伊麵もスパゲティのような代物だった。フィリップは
「芝士龍蝦はやっぱり、跑馬地《ぱうまーでぃ》の竹園《じょっゆん》がいいよな」

と言った。

竹園は有名な海鮮料理屋だ。この店は日本人が行くと、高い料理ばかり勧めるし、ぼったくるし、サービスも悪い店で決してお勧めできない。が、店の名物である芝士龍蝦は、悔しいけれど美味しい。そしてフィリップは跑馬地に住んでいる。

その晩、もう寝ようとベッドに入った私にマダムが、いつになく寂しげに
「ここの食事は本当においしくないわ。私、中国料理も好きじゃないし」

とぼやいた。

マダムは華僑なので、普段から中国料理を食べていると思っていたので意外だった。

「じゃあブルネイでは、どんなものを食べているんですか?」

「ブルネイの料理はね、辛いの。小さな唐辛子をたくさん使うのよ。ライムを使った酸っぱい

料理も作るわ。いろんな野菜もあるけれど、ニュージーランドでは手に入らないのよ。私は肉が好きじゃないの。鶏肉はまだいいけれど豚も牛も嫌。あの匂いが駄目なのよね」

私は弱気になったマダムに同情した。

フィリップとジェイムズは、彼女をミスターの「社員兼愛人」であると見ていた。それが真実かどうかは分からなかったが、マダムはかいがいしくミスターの面倒を見、仕事をこなし、息子のために一生懸命働いていた。

ペンキのペの字も知らない、内装業も建築業も、まったく素人の私に対しても、

「大丈夫、私も最初はそうだったわ。何も知らなかった。でも経験を積めば分かるようになる。大切なのは意欲よ。心配いらないわ」

と厳しい顔で励ましてくれる。女っぽい人だけれど、決して意地悪な人ではない。

しかし翌日、フィリップが皆の分のステーキと、マダム用の鶏のサテーを焼いている時、彼女は体調が悪かったこともあり、肉の焼ける匂いで吐いてしまうというアクシデントがおき、食事に関して私たちの関係は最悪のものとなった。

明日は香港へ戻るという最終日の朝、香港組は、ジェイムズが見つけた香港式の食堂へ、朝食を食べに出かけた。

フィリップとジェイムズは公仔麵を、私はエバミルク入りの香港風ミルクティを頼んでみた。

二人は心の底からリラックスしたような笑顔で公仔麵を楽しんでいる。

カフェだった店を居抜きで始めたと思われるこの食堂では、流行の広東ポップスが流れ、学生

らしい若い男女が大声をあげて広東語でおしゃべりしていた。

オークランドは小さな町だが、世界的カフェブームの影響か、小洒落たカフェだけは何軒も見かけた。明日は香港だというにもかかわらず、香港式の食堂へ行きたいという二人の心境が、私には少し不可解ではあった。

仕事で来たのだから仕方がないのかもしれないが、食事をはじめ、ニュージーランドへの好奇心はこれっぽっちも持ち合わせていない。

では二人は食べることに興味がない、あるいは中国料理しか食べないのかといえば、決してそんなことはない。ジェイムズはチーズもワインも好きだというし、フィリップの、嫌なものを出された時の、あの嫌悪の仕方、好きなものを食べている時の楽しそうな表情を見ると、食べることに興味がない人とは思われない。料理も上手だ。

だから余計に、冷凍鮭の蒸し魚やスパゲティのような伊麵など、彼らにとっては「偽物」にしか見えない料理が嫌でたまらないのだろうか。食への愛情が強いゆえに、苦笑いして許す、ということがまるでできない。しかし、大人なのだし、もう少し寛容になっても良いのではないか。冷凍の鮭だって、笑っていただくのが大人というものではないか。インスタントラーメンで上機嫌になるなど、まるで子供ではないか。

けれど、もしかしたら、日本人が疲れた時には日本食が食べたいように、彼らもまた、この短い出張でだいぶ疲れていたのかもしれなかった。香港人にとって公仔麵は、日本人のお茶漬けのようなものなのかもしれなかった。

私は呆れ顔で二人を見ていたに違いない。フィリップは食事の後、改めてカフェに私を誘い、二人でゆっくり、カプチーノを飲んだ。

オークランド最後の夜、ペンキ工場の社長夫婦が私たちを招待したのは、カジノと同じ建物にある高級中国料理店だった。社長夫婦とミスターはカジノのVIP会員だという。数日前のバトルが再び起こらないよう願うばかりである。私は恐ろしくてメニューを見ることもしなかった。

まず、焼鵝《しうごー》（焼きガチョウ）が出た。フィリップはすぐに小声で隣にいる私に

「なんでこんなに匂いが悪いのかな」

と広東語で言った。

私も嫌な脂身の匂いには気がついていた。この匂いは私が香港のアヒルに感じるものだ。だから私は香港ではアヒルは食べない。ガチョウは好物だ。この際、匂いは気にしないことにしよう。

「甜醤《ていむじょん》はないの？」

私が叫ぶと、ジェイムズがにこやかに

「ここは香港じゃあないんだよ。それに、それは甜醤でなくて梅醤《むいじょん》というんだ」

と私を諭したが、梅醤はちゃんとあった。

マダムは試験が終わったという息子を同席させていて、普段の慎ましやかな態度に反して、辛い唐辛子ソースで炒めた海老をほとんど二人で食べてしまった。

次に出された蒸し魚はハタのようで一見、完璧に見えた。私は安心してフィリップに

「美味しそうじゃないですか？」と声をかけると、彼は無表情で
「食べてごらんよ」

と言う。

期待して魚の身をむしり、口に入れると硬い。するとジェイムズが
「そうさ、尾が立ってないだろ。新鮮じゃない証拠さ。冷凍なんだよ。尾を見た時、これは駄目だな、とすぐに分かったよ」

そう小声で私に言った後で、

「彼らに、僕たち香港人の食に対するメンタリティは分からないんだよ」という、最初の台詞をフィリップに向かって言ったのだった。

香港人の食に対するメンタリティ……いつも食べているものを、

清蒸魚（蒸し魚）

【材料】
白身魚１尾（340g くらいのもの） 生姜の薄切り２片（千切りにする） 万能葱３本（1本は小口切り、２本は10㎝ほどに切る） 塩少々 片栗粉少々 香菜（おおまかに刻む） 油大さじ３（あればピーナツ油を使う。香りが良い）
［かけ醤油］醤油（生抽）大さじ２ チキンスープ（水でも可）大さじ１ 砂糖小さじ１

【作り方】
- 魚は切らずに、内臓や鱗を取るなどの下処理をし、綺麗に洗って拭いておく。
- 皿に10㎝に切った葱をのせてから、魚をのせ、上に生姜と葱をのせる。
- 魚にごく軽く塩をし、上から片栗粉をふりかけておく。
- 強火で６～７分ほど蒸す。身を串で刺してみて、スムーズに串が通れば蒸しあがり。
- 蒸しあがったら香菜をのせ、魚全体に「かけ醤油」と熱した油をかける。

※日本では生きた魚を入手するのは難しいが、新鮮な魚なら、それなりに美味しくできる。いとより、イシモチ、カサゴあたりがおすすめ。

どこへ行っても同じ状態で食べること。新鮮な蒸し魚への愛と同量の愛を、公仔麵にも注ぐこと……。

私はただ呆然と、すでに気まずくなりかけている中で、円卓に並べられた料理を少しでも減らすべく、長い箸を持ち直した。

病気の時に食べるもの

体を壊すと、いつもなら問題なく食べたり呑んだりしている食べ物が急に、角が生えたように食べづらくなる。

また普段は、自分から食べようと思ったこともないような食べ物が美味しく感じられることもある。そして、美味しかったという記憶はしっかり身体に刻みこまれて、病気が治ってもふと、食べたくなったりする。

同じことを、絶食道場を経験した友人が言っていた。一週間、絶食した後に出される玄米と野菜のおかずは、とてもとても美味しく感じるのだそうだ。そして美味しいと感じることで、絶食後も粗食を好んで食べるようになる。これでリバウンドしにくくなるという。

日本で病気の時に食べるものといえばお粥。消化が良く、胃腸に負担をかけない。

香港でも粥は胃腸の調子を整え、身体の中を掃除してくれるといわれている。

香港の粥は、米と水だけでなく、干魚や油、砂糖、湯葉などを入れ、米粒が完全に見えなくなるまで炊いた広東粥と呼ばれるものだ。具も豚肉、牛肉、海鮮とバラエティに富んでいる。

粥店の店先には、白粥が入った大きな寸胴《ずんどう》の鍋と小鍋がおいてあり、小鍋のふちの周りには何層にも粥がこびりついている。注文を受けると大鍋の粥を柄杓《ひしゃく》で小鍋に移し、ぐらぐら湧いたところで具を入れる。

私が頼む粥はいつも決まっていて、長い間、「及第粥《かっだいじょっ》」一筋、その後、「艇仔粥《てんじゃいじょっ》」に凝った。及第粥は豚のレバー、腸など豚の内臓と、豚肉団子入りのお粥。艇仔粥はスルメ、ピーナツ、トウモロコシが入っている。

及第粥の名の由来は、昔、広東地方に「神童」と呼ばれる賢い子がいた。しかし家は貧しく、食事も満足にとれない。みかねた粥屋の主人が適当に具を入れた粥を子供に食べさせた。

十数年後、科挙の試験に受かった子供は粥屋を訪ね、あの粥を作ってくれと頼み、状元及第粥《じょんゆんかっだいじょっ》(試験に受かる粥)と命名した。香港では昔、子供の誕生日には及第粥を食べさせて祝う習慣があったそうだ。

香港では夏になると夕涼みのために船を出して遊ぶ習慣があり、そこで売ったのが艇仔粥(船粥)。当時は河で採れた川海老や魚を入れたそうだ。

今、艇仔粥に入れるのはスルメで、魚入りは魚片粥《ゆーぴんじょっ》という、鯇魚《わんゆー》の薄切りを入れる粥が別にある。

こういう、ゴッタ煮的な粥が好きなのは私の好み。一般的に人気なのはクリーミーかつあっさりした「痩肉皮蛋粥《さうよっぺいだんじょっ》(豚の赤身と皮蛋粥)」だろう。皮蛋は火を加えると臭みがなくなり、黄身がとろっと溶けて美味しい。

広東粥よりも日本人が好きなのは潮州料理の「蠔仔肉碎粥《ほうじゃいよっそいじょっ》（牡蠣とひき肉の粥）」だと思う。魚のダシに剝《む》き身の小さな牡蠣と豚のひき肉、香菜がたっぷり入っている。米粒がしっかり残っているので、その味はどこかお茶漬け風だ。初めて食べた時は、なんて美味しいのかと感激した。

香港には潮州から来た人たちとその末裔がたくさん住んでいて、特に珍しくはないのだが、潮州人は大男人《だいなむやん》（男が威張っている）とよくいわれる。

そして香港には、同じく大男人の国といわれる日本人の女性と潮州人男性のカップルが実に多いのだ。男女の在り方が似ているのでウマが合うのかな、と想像したりするが、潮州料理と日本料理は、食材や味の好みにも共通点がある。

粥は香港名物の一つなので旅行客も滞在中に一度は食べるだろう。中でも酒を飲む日本人、特に男性には非常に人気があるようだ。

日本から香港を訪れた男性方は粥を食べると、一様に

「なんで、こんなに旨いのかね」

と目をくりくりさせて感心する。

「砂糖と油、ダシ、湯葉、化学調味料が入っているからですかね」

と言うとたいていがっかりする。もっと何か、神秘的なものを期待しているらしい。中国四千年の知恵的な。

そして東京の蕎麦屋はどこが一番、とはいえないように、粥の店もどこが一番、というものではないと思う。どろりと濃厚な粥が好きな人もいれば、あっさりした粥が好きな人もいるし、具の多さ、あるいは碗の大きさ、値段に魅力を感じる人だっているだろう。

そう言いながらも、私のオールタイムベストは「羅富記《ろーふーげい》」である。店は中環と上環にあり、どちらもいつも人でいっぱいだ。客の眼の前を、奥から運ばれるバケツ入りの白粥が行ったり来たりする。豪快にして、にぎにぎしい。

何故、私にとって羅富記がベストかというと、いつも、食べ始めると「あれ？　普通の粥の味。こんな味だっけ？」と思う。

それなのに食べ終わる頃には必ず「もっと食べたい。もう一杯おかわりしたい」と思うのだ。これは粥が特に好きではない私にとっては驚異的なことだ。ここのお粥には何かイケナイものでも入っているのでは？　とすら思う。

粥の店には粥以外の食べ物もある。たとえば米をすり潰した液体を、布の上に広げ、蒸して巻いた腸粉《ちょんふぁん》。形が豚の腸に似ているので元々は猪腸粉《じゅーちょんふぁん》と呼ばれていた。粥に入れて食べる「油条《やうてぃう》（細長い揚げパン）」は香港では「油炸鬼《やうじゃーぐぁい》」という。「牛脷酥《あうれいそー》」という甘い生地の揚げパンもある。牛脷は牛の舌のことで、文字通り牛の舌の形をした、大きなドーナツだ。

「粽《じょん》」や「豉油炒麺《しーやうちゃうみん》（焼ソバ）」も粥店の定番メニュー。

ぷうん、と微かに五香粉《んーひょんふぁん》の香りがする香港の粽は白い広東粽である。糯米の中に豚肉、緑豆、ピーナツ、塩卵の黄身などが入っていて、甘い醤油をかけて食べる。

豉油炒麵は細い麺を醤油で炒りつけるように炒めたもの。どちらも粥と一緒に食べる。こんな、炭水化物×炭水化物の組み合わせの中では、油条を腸粉で巻き、甘い醤油をかけた「炸両《じゃーりょん》」をよく食べた。

「残りものを合わせてみたら意外に美味しかったので商品化してみました」という感じの、おやつみたいなものだが、作りたてはカリッとした油条と、クレープのような腸粉のコンビネーションがいい。どちらも揚げたて、蒸したてなら、ちょっと馬鹿にできない美味しさだ。だが大抵の店では、油条はまとめて揚げるので、なかなかそんな炸両には出会えない。しかし日本円にしても一〇〇円くらいのものだから文句も言えないか。

今まで食べたお粥の中で、最も不味かったのは食中毒で入院した時、病院で食べた粥だった。翌日、家でパーティをすることになっていた金曜日の夜、仕事帰りに食材を買い、自宅で下ごしらえをした時、鮭の刺身を切って、少し食べて、寝た。

数時間してトイレに駆け込み、吐いた。何度か嘔吐を繰り返した後、体がまったく動かせなくなった。同居していた恵美が帰宅し、彼女に救急車を頼んだ後はほとんど記憶がない。そのまま、家から歩いて二〇分ほどの場所にある救急病院に搬送された。

付き添ってくれた恵美によると、うめき声を上げながら吐き続ける私は

「まるで映画『エクソシスト』のようだった」

そうだ。

あまりの露骨な苦しみように、病院ではコレラではないかと思ったらしく、恵美は、私の吐瀉物に触るな、と看護師さんに激しく怒られたという。しかし実際は単なる食中毒で、点滴をして一晩たったらケロリと治った。

朝、病院のベッドで起きると看護師さんが
「食事を食べてもいいわよ」

と緑色のプラスティックの碗に入ったお粥を持ってきてくれた。

その灰色をした粥は米から作られているとはとても思われなかった。何か、得体の知れない穀物の粉に泥でも混ぜているのではないのか？　と思うような味だった。戦時中の食べ物というのは、こんな味だったのかも？　私は空腹だったが、レンゲで何度かすくっただけで食べきることができなかった。

もし、この病院に入院することになったら、あの粥が毎日出てくるのか、そう思っただけでゾッとした。しかし無料で診てくれるのだから文句は言えないか、とも思った。

当時、香港の公共病院は住民であれば基本、無料で診察が受けられたのだ。だからこの時も、一日分のベッド代を数十ドル払っただけだった。

食中毒の時、吐き気は一晩で止まったが、体中の水分が出てしまい、回復には時間がかかった。

水を飲むのがつらい。水に角があるようだ。ぬるいポカリスエットが喉に一番通りが良く、しばらくはそればかり飲んだ。

そして初めて、「燉鮮奶《だんしんない》（牛乳プリン）」を美味しいと思った。

牛乳と砂糖、卵白を混ぜて蒸した、真っ白な牛乳プリンだ。

マカオに本店のある「義順牛奶公司《いーしゅんあうないこんしー》」と「澳洲牛奶公司《おうじゃうあうないこんしー》」という店が有名で、どちらも家の近所にあったにもかかわらず、それまでまったく興味がなかった。「薑汁燉鮮奶《ぎょんじゃっだんしんない》（生姜入り牛乳プリン）」というデザートは、牛乳と砂糖を生姜汁で固めるという、ちょっと不思議なもの。新鮮な生姜の搾り汁には蛋白質を凝固させる作用があるという。どちらも牛乳のミルキーさが感じられる。

食中毒になるまで燉鮮奶も薑汁燉鮮奶も、あっさりしすぎていて、ちっとも好きではなかった。しかし体が弱っている時に食べたら、胃におさまりが良く、そ

薑汁燉鮮奶（生姜入り牛乳プリン）

【材料】

卵の白身２個分　牛乳220㎖　砂糖大さじ２　生姜の搾り汁大さじ１（生姜は新鮮なもの、搾りたてを使う）

【作り方】

- 牛乳、砂糖、白身をよく混ぜ、最後に生姜の搾り汁を加えて静かに混ぜ合わせる。表面に泡が浮いたら取り除く。
- ２つのご飯茶碗に牛乳液を注ぎ、銀紙で蓋をし、強火で10分蒸す。プリンのように固まれば出来上がり。

※生姜だけで固めるタイプより、卵の白身を使うレシピの方が作りやすい。胃腸が疲れている時にほっとする味。

れからは時々食べるようになった。

真白な牛乳プリンを食べる度に、どんなことがきっかけで好物が増えるか本当に分からない、と思う。

ジビエの周辺

かの邱永漢先生も書いているように、広東料理は「四本足のものは机以外、二本足のものは両親以外何でも食べる」といわれてきた。

SARSが香港で猛威を振るった二〇〇三年、その感染源として問題になったのが果子狸《ぐぉちーれい》（ハクビシン）だった。

私が初めて広州を訪れた九〇年代、清平《ちんぴん》市場では、ハクビシン、鼠、キョン、子猫、犬、ハリネズミ……どれも生きたまま檻に入れて売られていた。広州動物園よりも市場の方が、より多くの動物を見ることができた（当時の広州動物園にいたのは猿ばかりだった。そして確かに市場で猿は売っていなかった）。夕方、市場が終わる頃に行くと、野菜屑やゴミと一緒に、死んだハリネズミが箒《ほうき》で掃かれていた。その光景は哀れとしか言いようがなかった。

これらの動物は総称して「野味《いぇめい》」と呼ばれる、広東地方の伝統食だ。広州には野味の専門店がある。動物によって効能があり、「薬食い」の意味が大きい。

結局、SARSの原因は特定できなかったが、一時広州では野味の食用を禁止した。しかしすぐに復活してしまった。野味は長い伝統であり、薬効を信じている人がいる限り、食べ続けられるだろう。

あまり大声で言いたくないが、私は広州で犬、猫、鼠、ハクビシンを食べたことがある。猫は薄味のスープ煮になって出てきた。

フランスでは、兎肉は足先だけ毛がついたまま売っていたと、本で読んだことがある。昔は兎と称して猫を売ることがあったため、本物の兎であることが分かるように足先だけ毛を残した名残だという。

猫を食べた時、このエピソードを思い出したように、確かに猫の味は兎に似ていた。だから猫も兎も、特にどうという味ではない、といえる。いわゆる「鶏肉みたいな味」だ。欧米の食随筆には「ほら、鶏肉みたいな味だよ」と言われたという話がよく出てくる。これは「そんなにケッタイな味じゃないよ」という意味で使われるのだが、本当に鶏肉みたいな時もあれば、「全然、鶏肉みたいじゃないよ！」ということもあるようだ。

猫は本当に鶏みたいな味です。平凡な、どうってことのない。だから猫を食べるなら兎を、いや、鶏肉を食べればいいと思います、と愛猫家である私は言いたい。

鼠はたまたま、生ではなく干物の炊き込みご飯だったのがマズかった、と思う。

鼠といっても田んぼで米を食べている、大きな田鼠だ。内臓を抜いて平たく伸ばした干物が、清平市場で売っていて、それを食堂で炊き込みご飯にしてもらって食べたのだ。

独特の臭気があって、口に入れても喉が動いてくれず、飲み込むのに苦労した。なんとか飲み込んでも、うっかりしていると胃から逆流しそうになる。

あんなに食べるのが苦痛だった料理はないが、周りでは地元の人々が「外国人に食べられるわけないさ」という表情でこちらを見ているので、ついこちらも意地になって、食べないわけにはいかなかったのだ。

泣く泣く鼠ご飯を食べてみて分かったことは、知っている味に似ていても、ちょっとしたことに激しく違和感がある、ということだった。

あれが魚だったら良かった。魚の干物なら、クサヤか鹹魚だったら。魚の蛋白質がアミノ酸に分解した香りと味は食べ慣れているので美味しいと思う。しかしそれが動物だと、激しく拒否反応が起こるのだ。

実際のところ、食べづらいのはその匂いで、肉そのものはねっとりしていて柔らかく、それほど悪いとは感じなかった。おそらく、生の鼠を使った料理は美味しいだろうと想像する（最初の出会いがあまりに悪かったので鼠の類は食べたくないが）。

また別の反応は、広州で狗肉《がうよっ》（犬肉）を食べた時にも起こった。

狗の広東語の発音は「がう」。「九《がう》」と同音なので、犬肉は「三六《さーむろっ》（三と六を足すと九）」と称することもある。

犬肉は赤身の牛肉のような味で、体を温める冬の野味だ。犬はそれまでも何度か食べたことがあったので、もう慣れたつもりでいた。

広東では、味噌煮込みのような濃い味つけで葱と一緒に煮込み鍋にする。犬鍋を食べ、店を出てふと振りかえった時、店先にまるで豚の丸焼きそっくりに、真っ赤に着色された犬がぶら下がっているのが見えた。

ショックだった。それを見たとたん、一〇分前に胃の中に収めたものが、そっくりそのまま逆流しそうになった。

九〇年代の広州では街のあちこちで、毛を焼かれた食用犬を見ることができたから、一匹丸ごとの犬がぶら下がっているのが嫌なのではなかった。

豚の丸焼きそっくりだったところに、違和感があったのだ。豚ではなく犬、その些細な違いがショックだった。

我がことながら不思議な反応だったが、慣れている（知っている）、という境地に達するには、数回食べただけでは不十分、ということがよく分かった。

SARSの元凶かもといわれたハクビシンは、体が灰色で顔に白い模様のある、洗い熊のような姿をしたジャコウネコ科の動物である。広州の野味専門店で、店先におかれた檻の中からどんよりと、哀しいとも、くたびれているとも思えるような瞳のハクビシンに見つめられると、食欲が減退すること甚だしかった。

果子狸という中国名は、果物を食べていて香りがいい狸、という意味と聞いたが、私が食べたのは、どろりとした茶褐色のハクビシン入りスープに細い麵をつけて食べる料理だった。味つけが濃いので、肉の味はよく分からないし、なぜ濃い味つけで煮込むかといえば、匂い消しに決まっている。やっぱり美味しいとは思えなくて、いつまでもハクビシンの哀しい瞳が忘れられなかった。

そして今、東京では深夜、空を見上げると、電線の上をハクビシンが歩いているのを見ることがある。誰かが持ち込み、野生化したハクビシンが増殖しているのだ。

最初に見た時、何なのか分からなかった。猫のようだが猫ではない。尻尾でバランスをとりながら、するすると電線の上を歩いていく。まるでサーカスの綱渡りのようだ。夢ではないかと本気で思ったくらい、幻想的な光景だった。

後からその正体を知ったが、もともと日本にはいなかったハクビシンを持ち込んだのは食用のためではないか？　と想像する。

*

香港では英国統治時代に野味を禁じたので、犬や猫を食べることはできない。見つかったら逮捕されてしまう。

時々、犬や猫を食べた男性（なぜか必ず、男性なのだ）が逮捕された、というニュースが新聞に載っていた。野味の伝統が分断されてしまったおかげで、野生動物を食べるのは野蛮だ、という人が多い。

「大陸人は残酷で野蛮よ。犬を殺して食べても平気なんだから」と言う。

そう言われると私は複雑な気持ちになる。こちらは、鯨や馬も好物の、野蛮な日本人だ。おまけにすでに野味をいろいろと食べている前科持ちである。

豚や牛は食べるのに、犬はかわいそう、というのも納得がいかない。「当たり前よ」と言われるとむやみに反発したくなる、反抗期の子供のような気分に陥る。

とはいうものの、あの、ハクビシンや子猫の瞳を見ても、かまわずに野味が食べられる心境にもやはり違和感はある。

しかし、哀しい瞳をするのはハクビシンに限ったことではなく、私たちは普段、それを目の当たりにしないで済んでいる、というだけに過ぎない。


香港では犬も馬も兎も食べないが、鳩や蛇や蛙は食べる。

また人によって「食べたことがある。結構好き」「絶対ヤダ、信じられない」と好みが分かれるのが、禾蟲《うぉーちょん》（ゴカイ）、龍蝨《ろんさっ》（ゲンゴロウ）、蚕《ちゃーむ》（カイコ）など。

蛙は「田鶏《てぃんがい》」、または「水鴨《そいあっぷ》」といい、これは皮を剝いて腿肉だけを食べる。その名の通り、繊細な鶏肉、または白身魚のような味だ。微かな生臭みがあるので生姜や豆豉《だうしー》と一緒に炒めて食べる。香港ではトラフガエルという、トノサマガエルに似た蛙を使う。市場の魚屋には生きたまま、籠に入ったものが売られている。

鴿《がっぷ》（鳩）は身がしまった赤身の肉で、とっても美味しい。好きだ。シンプルにカラッと揚げて脳味噌まで食べる。

蛙や鳩を食べると、誰が食べても美味しいと思う食べ物は、簡単な味つけや調理法で食べられるのだ、と思う。

ビタミンAやBが豊富という蛇は専門の蛇屋で食べることができる。

蛇を食べるのは広東の伝統だが、香港で蛇屋が増えたのは七、八〇年代からだそうだ。以前は上環と深水埗《さむそいぽう》にあっただけだという。

蛇は「補品《ぼうぱん》」、一種の健康食品である。蛇羹《せーがん》という、とろみのついたスープに仕立てる。使うのは過山鳥《ごーさんにう》、金脚帯《がむぎょっだい》といった、古風な名前の細い毒蛇だ。体を温め、抵抗力をつける。

蛇屋には生きた蛇や蛤蚧《がっぐぁーい》（大ヤモリ。強壮効果あり。薬酒やスープに仕立てる）の籠が置いてあったりするし、爬虫類独特の「匂い」（爬虫類は匂わないというがウソである。爬虫類も微かに匂いがある）が漂っていて、どうにも陰気な雰囲気はぬぐえない。

蛇屋で蛇を扱う蛇師父《せーしーふー》は蛇のプロだ。私が住んでいた頃は、大蛇がどこからともなく街に現れて大騒ぎになり、近所の蛇師父が登場して見事、蛇を捕獲、というニュースが年に何度か新聞を賑わした。

だから蛇屋では安心して料理を待つことができる。万が一、テーブルの隣の籠からにょろりと毒蛇が抜け出てきても、蛇師父がその場でつまみあげてくれるだろう。

蛇羹は、蛇の皮を剥いて細かく切り、鶏肉、中国ハム、生姜、陳皮などの香辛料、砂糖黍などと一緒に三時間以上、じっくり煮込んで、椎茸や木耳《きくらげ》を加える。

仕上げに千切りの檸檬の葉と菊の花を散らす。蛇羹と、おこわ（臘腸〔腸詰〕と臘肉〔干し肉〕入り）が蛇屋の定番セットだ。

臘肉は豚バラ肉の干し物。臭みはないが色はどす黒く、表面は脂でヌラヌラと鈍く光っていたりして、臘味の中でも特に陰気な食べ物だと思う。

蛇屋のテーブルで一人、定番蛇セットを食べていると、この世に、こんな陰気な食べ物もないのではないかと一種マゾヒスティックな想いがこみ上げてくる。

しかし、味は決して悪くない。私は嫌いではない。蛇や蜥蜴《とかげ》は、野兎の動物たちのように濡れた瞳でこちらを見たりはしないから気も楽だ。

そして、毒消しだという菊の花と檸檬の葉の千切りが、なぜか私に〝風流〟という言葉を思い出させる。

香港が一番寒くなるのは農暦新年《のんれっさんにん》(旧正月)前後。毎年、日にちが変わるのだが、正月が近づくと不思議なくらい気温がぐっと下がる。

香港の住宅には暖房といったら、オイルヒーターか小さな電気ストーブしかなく、つけてもあまり暖かくならない。毎年、部屋の中で凍死するお年寄りのニュースが新聞に出る。セーターを着込み、部屋では毛布をかぶってテレビを見る。

臘腸飯（腸詰ご飯）

【材料】

臘腸２本　白米２合

【作り方】

- 臘腸は熱湯をかけて洗う。白米を炊く時に臘腸をのせて普通に炊く。炊き上がったら、臘腸は食べやすい大きさに切る。

※広東式の腸詰は固いので、そのまま食べることはせず、蒸したり、薄く切って焼いたりして食べる。

そんな時期には仕事帰りに、今日は寒いから、ちょっと蛇でも食べて帰ろうかな、という気になった。

生姜の味がきいていて、ほのかに甘い。蛇羹を飲むと私はいつもカンロ飴を思い出す。飲むと冬でも汗が出た。

飲茶の湯気

香港に一七年住んでいて、一昨年、日本に帰国した知り合いが先日、香港へ行ってきたという。

「何か美味しいもの、食べた？」

と聞いたら、

「飲茶《やむちゃあ》が美味しかったなあ。香港にいた頃は何とも思わなかったけれど、久しぶりに食べたら毎食、飲茶でもいいなあ、って」

ああ、分かる、分かる。

私も香港にいた頃に、「飲茶は一生分食べた。もう食べなくてもいい」と思ったこともあった。けれど日本に戻った今では、香港へ行けば、飲茶が食べたい。そして香港にいて、飲茶をしないなんていうことは、やっぱりありえない。

日本でもすっかりお馴染みになったが、飲茶とは早朝から昼にかけて、茶を飲みながら點心《でぃむさむ》を食べる食事のことだ。

広東地方には男性だけが朝食を外でとる習慣があり、朝食で點心を出したのが飲茶の始まりだという。だから伝統的には朝食だが今は昼食に食べることも多い。飲茶ができるのは酒楼《ざうらう》（料理屋）が多いが、食堂でも點心を出すところがある。

早朝、食堂の店先の蒸籠《せいろう》からシューシューと熱い湯気が上がっている。蒸籠は絶え間なく吹き上がる湯気と油で濡れていて、脇を通ると竹と湯気の香りがする。

テーブルに座っているのは、たいてい男性だ。茶を飲みながら黙々と朝食をとっている。こんな店ならば昼には點心だけでなく盅 飯《ちょんふぁん》も売る。米と骨付きの鶏肉、排骨などを蒸した盅飯ももともと、労働者のための朝食として考えられたものだそうだ。一九二〇、三〇年代、香港の料理屋でご飯ものは昼にならないと出なかった。しかし労働者は點心だけでは満腹にならない。それでスープ用の器を使ってご飯を蒸し、その上に點心の排骨や鳳 爪《ふぉんじゃう》（鶏の足）をのせて温め、出したのが始まりだそうだ。

香港における飲茶は日常のちょっとしたハレの食事であると同時に、人を紹介したり、商売の話をしたりと、さまざまな使い方ができる社交の「場」でもある。

軽い接待や誕生日などの祝い事、会社の歓迎会や送別会も飲茶だ。

香港人の點心の頼み方を見ていると、なんとなくルールがあるのが分かる。

蝦餃、燒賣《しうまい》、排骨など、誰もが好きな定番は最初に頼む。粥と腸粉も最初に頼むが、麵と炒飯は最後。普段の食事は常に白飯ありきだが、飲茶の時は例外的に白飯は頼まない。

また點心にも流行り廃《すた》りがある。

猪潤焼賣《じゅーよんしうまい》（上に豚のレバーをのせた焼売）、焼腩巻《しうらむぎゅん》（南乳で煮た豚バラ肉とタロ芋を饅頭の生地で包んだもの）、鵪鶉蛋焼賣《あむちょんだんしうまい》（ウズラの卵がのった焼売）などは香港人が「懐かしい」という、古い點心だ。

鶏の足を揚げてから、豆豉と共に蒸した「豉汁蒸鳳爪《しーじゃっぷじんふぉんじゃう》」は美容に良いと、日本のコラーゲンブームよりずっと昔からいわれてきた。口の中で中の小骨が難なく外れ、食べやすい。鶏の足なら私は、「酸甜鳳爪《しゅんてぃむふぉんじゃう》」も好きだ。茹でた鶏の足を甘酢や唐辛子につけたもの。真っ白で染み一つない鳳爪は一見、人工的で不気味な感じもするが、こりこりしていて、かつさっぱりしている。

鶏の足には食べられない爪と、皮の上にもう一枚、固くて黄色い外側がついており、これを取り除き、開いて中骨を抜くのは大変な作業だが、今は自動でやってくれる専用の機械があるそうだ。

同じく足料理なら猪脚姜《じゅーぎょっぎょん》も面白い。豚足を甜醋《ていむちょう》という真っ黒でどろりとした甘い酢と生姜、茹で卵を一緒に煮込んだ料理。塩気がほとんどなく、甘酸っぱい豚足の味は、初めて食べるとちょっと驚くかもしれない。乳の出を良くするので産後の妊婦は必ず食べるそうだ。甜醋は酢の中に陳皮や丁子《ちょうじ》を加えて更に熟成させ、カラメルと砂糖を加えたものだ。

猪脚姜は女性のための食べ物で、男性はあまり食べない。

冬に蝦子柚皮《はーちーゆうぺぃ》があれば頼む。伝統的な広東料理の一つで、材料はなんとザボンの皮。水に漬けるなどして苦みをすっかり抜いたザボンの皮を煮込み、蝦子を味つけに使う。柚皮がダシの味をしっかり含んでいる。しかし手間がかかるため、最近あまり見かけないのは残念だ。

そして飲茶の時、人に茶を注がれたら、拳の中指辺りでテーブルをトントンと二、三回、叩いてお礼の気持ちを表す。これは、皇帝に謁見する際に跪《ひざまず》いて頭を地につける「叩頭《こうとう》」の代わりだそうだ。思わぬところに歴史の片鱗が隠れているものだ。拳を使わず指を使う人もいるが、茶を注がれたら必ずトントン、とやる。

私が飲茶で「もう一生分、點心を食べた」と思ったのは、勤めていた会社でリストラが行われていた時だった。

最後に勤めていた会社は、私が入社してからもどんどん社員が増えていき、オフィスも、觀塘《くんとん》の工場街から、北角《ばっこ》にある新築のオフィスビルに引っ越すなど、あれよ、あれよという間に大きくなっていった。一番多い時には一〇〇人くらい社員がいただろうか。しかしこれは、実績が伴った拡大というよりも株式上場を狙った、かなり意図的なものだったようだ。急激な事業拡大はすぐに失敗し、社内でリストラが始まった。

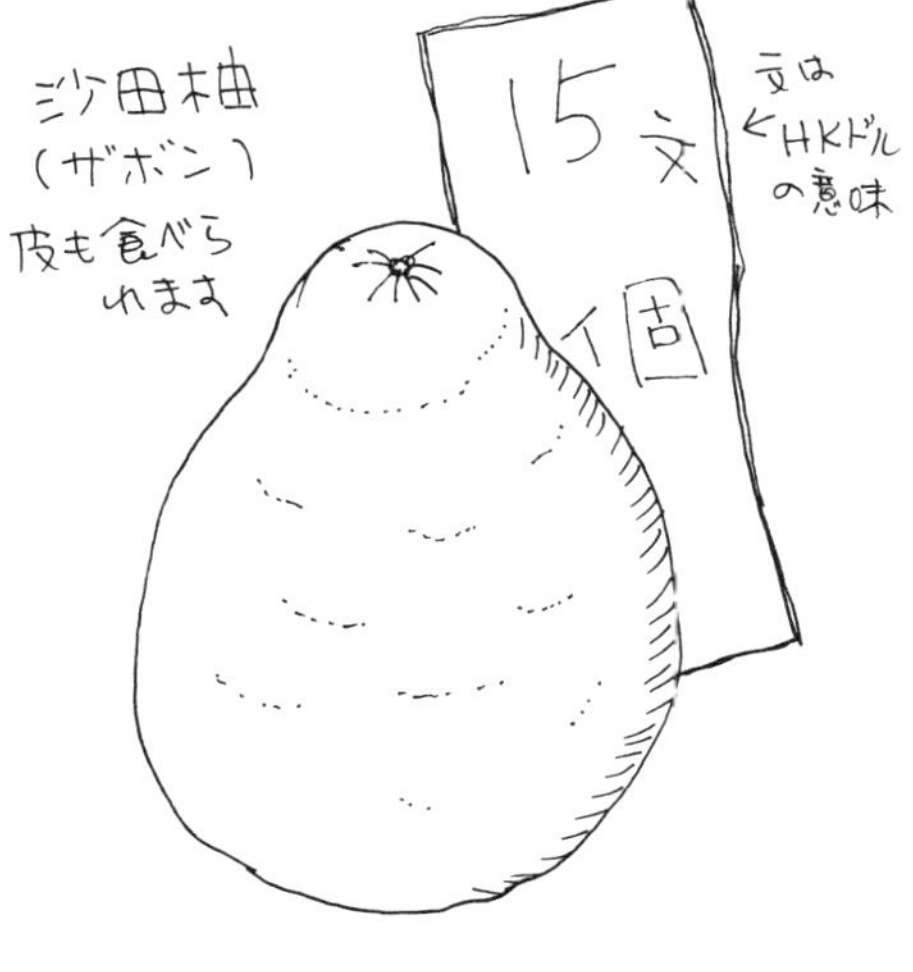

毎週、週の中ごろになると誰かが上司に呼び出され、解雇の通達を受ける。金曜日の夜になると皆、今週も首がつながったと安堵の溜息をつく、という日々。社内にはどんどん空いた机が増えていった。

だからこの頃、昼は毎週、飲茶だった。多い時は週に二度、三度と続いた。

同僚とのお別れ飲茶だ。

行くのは会社から一番近い、古い料理屋だった。寂しさとやりきれなさと不安と怒りが、テーブルを囲む全員の心を占めた。皆、ヤケ気味に點心を頼んだ。重ねた空の蒸籠が何本も、まるでタワーのように積みあがった。

時々、誰かが漢気《おとこぎ》を発揮して全員分を奢った。私も奢ったことがある。

なんだか一生分、點心を食べたような気がした。もう、飲茶はいいや、そんな風に思ったのはこの頃だ。

＊

母が病気になり、急に帰国しなければならなくなった時、一番迷惑をこうむったのは一緒に住んでいた恵美だったろう。それなのに彼女は何度も

「帰る前に、何か食べたいものがあれば、つきあうよ」

と言ってくれた。それで私はふと、

「得如《だっゆー》の大包《だいぼう》が食べたいかな」

と言ってみた。

大包は掌《てのひら》ほどもある、大きな肉饅頭。私の大好物だ。

正式には鶏球大包という。もとは労働者が朝食に食べたという大包は広州生まれ。香港では戦前、人気の點心だった。基本的な具は鶏のひき肉、叉焼、塩卵。しかし店によって実にさまざまだ。必ず入っているのは塩卵だが、ひき肉は豚肉のこともあるし、叉焼だけでなく、腸詰や骨付きの鶏肉、セロリや椎茸が入っていることもある。要するに、余りモノをそのまま餡に使っている、という感じの饅頭なのだ。

肉の脂、臘腸《らぷちょん》の甘さ、鹹蛋《はむだん》の塩気が渾然一体となった、ゴッタ煮のような饅頭。

大包はまるで香港だ。

香港人も大陸人も阿叉《あちゃー》（インド人を指すスラング）も鬼佬《ぐぁいろう》（白人を指すスラング）も日本仔《やっぷんじゃい》（日本人を指すスラング）も皆、一緒くたになって、香港という皮で包まれている。具はそれぞれ違うものだけど、外から見れば、なんとなくまとまっている。

時代遅れの大包を飲茶で見かけることは滅多になくなっていたが、家から五分ほどの得如酒楼という古い酒楼にはあった。

しかし私と恵美は四年も一緒に住んでいたにもかかわらず、一緒に飲茶へ行ったことは、数えるほどしかなかった。

恵美は午後と夜、二つの会社をかけもちして働いており、いつも忙しかった。起きるのは昼過ぎ、帰ってくるのは真夜中だ。私は私で、普段は一二時には寝てしまうし、休日は「起きるまで寝る」をモットーとしていた。

二人ともこの調子なので、平日は顔を合わせることもなく、休日は飲茶の終わる三時くらいからごそごそと活動を始める……という生活だった。私たちが一緒に飲茶に行くのは、日本から友達が来た場合に限られていた。

得如で大包を食べるため、二人して昼前に起き、得如へ行った。

得如の一階には体重計があった。のって一ドル入れると下から、昔の電車の切符によく似た、厚いボール紙のカードが出てくる。体重と、ちょっとした占いのような一言が中国語と英語で書いてある。以前はスターフェリーの待合室などにも置いてあった。

私はこれが好きで、見かければ必ず乗った。しかし恵美は

「今時そんなの、乗る人いないよ」

と冷たく言い放った。

茶を飲みながらしばらく待って

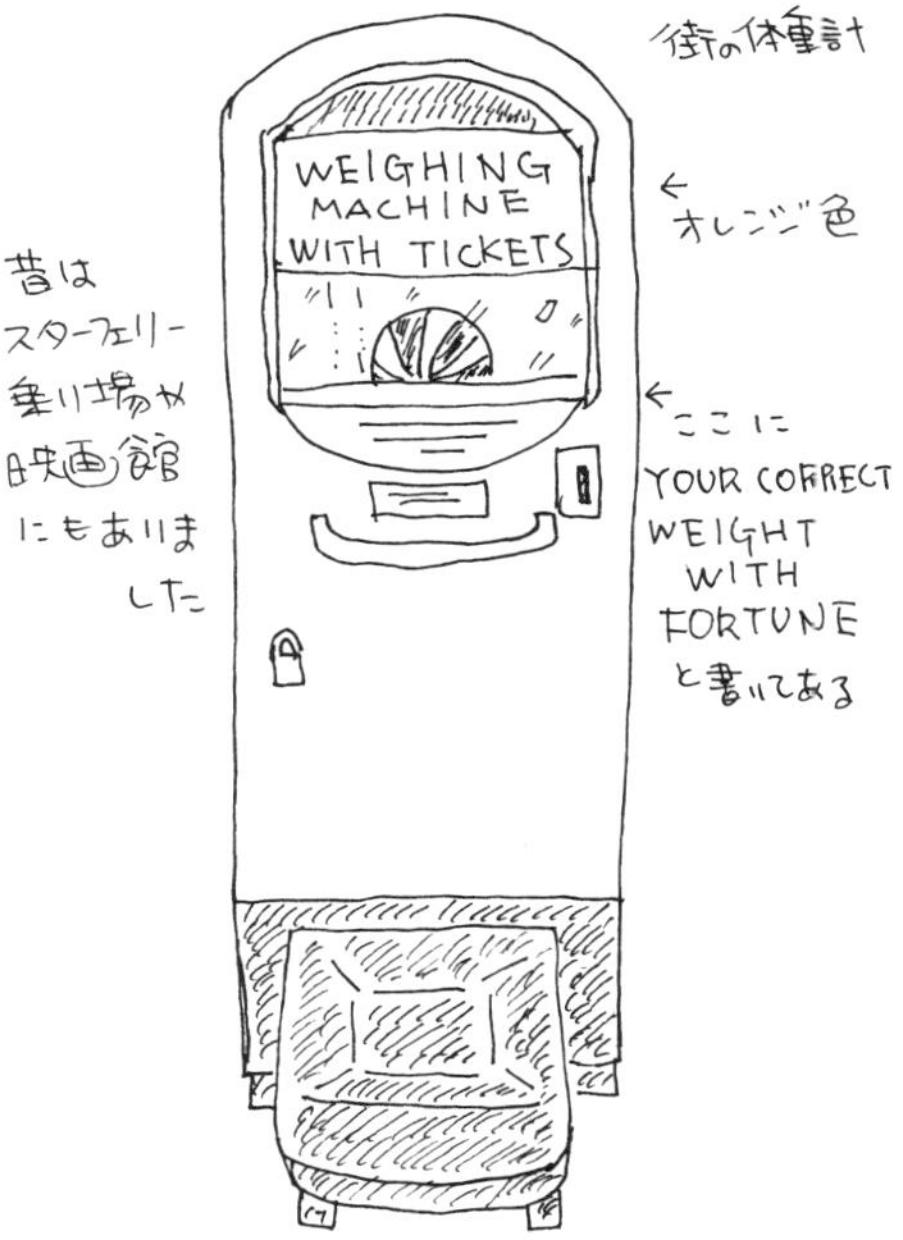
街の体重計
WEIGHING MACHINE WITH TICKETS
← オレンジ色
昔は スターフェリー 乗り場や 映画館 にもありました
←ここに YOUR CORRECT WEIGHT WITH FORTUNE と書いてある

いたが、一向に大包のワゴンがくる気配がない。店の小母さんに尋ねてみると

「売り切れちゃったよ。大包はすぐに売り切れるのよ」

と言う。

「何時頃までならあります？」

「そうねえ、売り切れたらお仕舞いだからね。まあ一〇時までには来ないとね」

「一〇時に来るのはちょっと不可能だなあ」私が言うと、恵美は

「そう？　徹夜してそのまま来るとか。私は寝るのはいつも朝だから可能だけど」

と言う。そうまでしても食べたいわけでもなかったので私は

「徹夜してまで食べなくてもいいよ」

春巻

【材料】

春巻の皮10枚　にんにく１片（つぶしておく）　干し椎茸４つ（水に漬けて柔らかくしてからみじん切り）　人参50g（千切り）　豚赤身ひき肉100g　黄韮25g（細かく切る）　小麦粉小さじ２（大さじ１の水で溶いておく）　油少々　リーペリンソース

[**調味料**] 水大さじ４　塩小さじ½　砂糖小さじ½　醤油小さじ１　オイスターソース大さじ１　片栗粉小さじ1（水少々で溶いておく）

【作り方】

- 鍋に油を入れ、火をつけてから、にんにく、水で戻した干し椎茸、ひき肉、人参を入れ軽く炒めてから、調味料、水溶き片栗粉を入れる。最後に黄韮を入れて火を止め、粗熱をとる。
- 皮に具を包み、巻く。水溶き小麦粉を使って皮がはがれないようにする。
- 揚げ油を熱し、中火で皮がカリッとするまで揚げる。食べる時にリーペリンソースをつける。

※春巻も飲茶の定番點心の一つ。リーペリンソースはイギリスのウスターソース。香港では喼汁《ぎっちゃっぷ》という。

と言った。

数日経って、朝起きてみると、テーブルに置き手紙があった。

今朝、徹夜して朝帰りだったので得如へ寄って大包を買ったこと。自分は一つ食べたが、もう一つは冷蔵庫に入っている。一度冷えてしまったものだから、あまり美味しくないかもしれないけれど……といったことが書かれてあった。

大包をレンジで温め、食べながら、私は泣かなかった。そんな余裕はなかった。泣く前にやらなければならないことが山ほどあった。

食べながらただ、恵美が白い湯気がもくもくとあがった、大きな、大きな蒸籠の前に立ち、二つの大包を袋に入れてもらっている光景が、ぼんやりと頭の中に浮かんだ。

別れのカレー麵

私が香港を離れたきっかけは母の病気だった。母が倒れて入院し、私は大慌てで日本へ戻った。余命一年から二年といわれた寿命は結局、たったの三ヶ月で尽きてしまった。私はただ呆然とするばかりだったが、納骨が済むと、今後のことを考えなければならなくなった。香港へ戻るか否か……。悩んだ末に私は日本に帰ることに決めた。

一緒に住んでいた恵美はすでに、元の部屋から一〇〇メートルほど離れたところに部屋を見つけて越していた。私は残してきた荷物の整理をするために香港へ行くことにした。

成田空港から赤鱲角《ちぇくらぷこっ》空港へ。そして空港から油麻地へと向かうバスの中で私は、かつて旅行で香港へやってきた友人たちや母のことを思い出した。

彼らと一緒に街を歩くと、料理屋で見知らぬ人からビールを奢られたり、話しかけられたりした。普通料金でスイートルームに泊まれたこともあった。どれも些細な事だけれど、普段と違うことが、時々起こる。

私はこれを「旅人の小さな奇跡」と命名した。

かつて私自身、旅に出れば似たような経験をした。知らない人と出会い、食事を奢ってもらったり、親切にされたりした。騙されたことも、意地悪されたこともあるが、どちらにせよ、見知らぬ人が話しかけてくる、見知らぬ人と偶然知り合うということは東京ではまず、ありえないことだった。

アメリカでもアジアでも、日本人以外の人というのはフレンドリーなのだろうかと私は漠然と思っていた。

しかし、それは間違いであった。一旦、香港に暮らすようになると、見知らぬ人と知り合うことなどはピタリとなくなり、東京と同じような日々が続くようになった。

なるほど。旅における人との出会いというのは、原因は「あちら」側ではなく「こちら」側にあったのである。香港へやってくる人々を見ていたらその理由がよく分かった。

旅行者というのは目立つ存在なのだ。服装か、髪型か、それとも表情、態度だろうか？　まるで地に足がついていない。

ふらふらと異国を漂う旅行者はまるで陽気な「鬼《ぐぁい》（お化け）」のようである。土地にしっかり足をつけている「本地人《ぶんでいやん》（地元の人）」とはかけ離れている。これだけ目立てば、それはいいことも悪いことも起こるだろう。

逆をいえば人は、地から足を離したいから旅へ出かけるのかもしれない。しばし憂き世を忘れ、漂うままに、自由気ままに過ごしたい。そう思うと人はつい、旅に出たくなる。

では香港に住んでいる外国人はといえば、これも地元民とは一種、雰囲気が異なる。半分「お化け」、半分「人」といった風情で、状況によって「人」になったり「お化け」になったりする。お化けのフリをして「広東語分かりません」とセールスマンを追い返し、人のフリをして飲茶の席を待つ時は、じきに終わりそうなテーブルの真後ろに立って圧力をかける。

しかし基本的に普段は「人」として、ひっそりと暮らしている。「お化け」として日常を生きるのはなかなか面倒くさいことである。目立たないといいメもみないが悪いメにもあいにくい。「人」として生きるのは一種の保身術であろう。

約半年ぶりに油麻地に降り立つと、それまで体験したことのない、奇妙な感覚に襲われた。なにしろ毎日見てきた風景だから新鮮味はまるでないのだ。そしてまだ、土地の情感とでもいうような感覚が足を這い登ってくる。私の足は土地から離れているような、離れていないような、中途半端な状態だった。

日本に帰ることに決めたのは間違いではなかったのだろうか。今からでももう一度、香港で仕事を探した方がいいのでは？　いつものように油と水が混じりあい、きらきらと光る油麻地の道を歩きながら、そんなことを何度も考えた。自分の中途半端な気持ちを思い知らされ、滞在中、私は何度も泣きべそをかいた。

しかし落ち込んでいてばかりもいられない。旅行者は限られた時間を生きる。少ない滞在時間で荷物を整理し、雑事をこなし、友人と会い、買い物をする。「旅行者モード」で動かなければ用事はちっとも片付かない。

そんな中で、どうしても食べたい麵があった。

中環にある九記《がうげい》の「咖喱牛腩伊麵《がーりーあうらむいーみん》（カレー牛バラ肉麵）」だ。

九記はガイドブックなどでも紹介される有名店だが、私は長い間、入ったことがなかったのだ。香港を離れるほんの数ヶ月前に初めてこの店の咖喱牛腩伊麵を食べた。

ショックだった。カレーなのに美味しい。伊麵なのに美味しい。

一般的に香港のカレーは日本のカレーに馴染んだ人間にとっては美味しいとはいえない。食堂には「咖喱鶏飯（チキンカレー）」というメニューもあるけれど、薄甘く、ぼんやりした味で、一言でいえば「パンチが効いていない」。

伊麵は正式には伊府麵《いーふーみん》という。清朝の頃、揚州（江蘇省中西部）で誕生した。卵入りの麵を揚げて乾かした麵で、食べる時には湯で戻す。食感も味もインスタントラーメンの麵にとてもよく似ている。

牛バラ肉を使った麵といえば香港では、八角《はっかく》などの香辛料と醬油で煮込んだ牛バラ肉をのせた牛腩麵がポピュラー。しかし、肉がパサついていることが多く、食べた後は楊枝が必須。咖喱牛腩麵も牛腩麵にカレー粉を加えただけの、あっさりとした汁麵であることが多い。カレーうどんのようなものを期待すると、たいていがっかりする。

香港のカレー粉には八角、沙姜《さあぎょん》（生姜の一種。独特の香りがある）、草果《ちょうぐぉ》（これも生姜の一種。生薬にも使われる）なども入っているせいか、インドカレーともタイカレーとも違う、独特の香りと味がする。どこか熱帯を思わせる、生姜のような風味が強い。九記のカレーも香港風だがスパイスがキリリと効いていて辛く、実に旨い。

そしてスープはねっとりしていて、カレーうどんよりも濃厚なくらい。使う牛バラ肉は生後一年未満のものという。長時間煮ているだろうにもかかわらず、ちっともパサついたところがない。長い間、食べなかったことを後悔するくらいの美味しさだ。この時も、まだ食べたことがないという恵美を誘って中環へ行った。

中環は坂の街である。木の幹から枝が伸びるように、山へ垂直に続く坂道の途中に細い坂道が、横に、斜めに、いくつも分かれては伸びている。

九記もまた、急勾配の坂の途中を曲がった路地にある。私たちが行ったのは午後の三時という中途半端な時間だったにもかかわらず、店は満員、有無をいわさず相席になった。

同席の丸テーブルでは、おばあさんと、三〇代らしきお姉さんがそれぞれ、牛腩粗麺《あうらむちょうみん》を食べている。塩味で煮込んだ牛バラ肉とスープに粗麺という組み合わせだ。粗麺も伊麺と同じく幅広の乾麺。良くいえば歯ごたえがあり、悪くいえば固い。しかし食感にどこか蕎麦的なさっぱり感がある。

私たちの咖喱牛腩伊麺が運ばれてきた。黄金色のカレー汁。まちかねて箸ですくうと、溶けたゼラチン質たっぷりのカレーが柔らかい伊麺に絡みつく。食べると爽やかに辛い、旨い。

私はあっという間に食べ終わってしまった。

隣を見ると恵美はまだ半分も食べていない。真剣な面持ちで麺をすくっている。

思えばこの店には、最初に誘ってくれた友人とその後も時々食べに来ていたが、彼女の時も同じだった。いつも先に食べ終わった私がじーっと隣のお碗を見ていると友人は仕方がないな、という風に半分くれたりした。

それまで私は友人の食べるスピードが遅いのだろう、と思っていたけれど、そうではなかった。この麵に限っては私の食べるスピードが異様に速いのだ。実に三分、というところだろう。

「あーあ、三分間の幸せだなあ」

名残惜しいのを我慢しつつ、アイスレモンティをちびちび飲みながら私が言うと

「もっとゆっくり食べればいいのに。私なんてちゃんと味わっているから一〇分はもつね、幸せが」と恵美は言う。

「駄目なのよ。スピードが下がんない。いきなり、がーっといっちゃうんだわ。食い込んじゃうのを押さえられない」

「じゃあ、しょうがないね。でもこれは確かに美味しい。最初、このスープのとろみ、片栗粉かと思ったけれど違うね、ゼラチンだね」

「そうなのよ。凄いでしょ？　お肌にもいいよ」

つまらないので辺りを見回すと、さっきまでのろのろと食べていた同席の女性陣は去り、次には競馬新聞を持った中年の小父さんと、少し気弱そうな三〇代とおぼしき青年が座った。青年は私たちが日本語を話しているのが気になるようで、ちらちらとこちらを見る。なかなかハンサム、といってもいいかもしれない。小父さんは既に競馬で勝ったのだろうか、夢見るような目つきで座っている。二人とも牛腩粗麵を頼んだ。

やっと恵美が食べ終わり、相席で煙草を吸うのは気がひけたので、私はお金を払ってから店の外で吸うことにした。煙草を吸いながら、恵美と今食べた美味についてくどくど話していると青年が出てきた。

なんだか、こちらを見ている。

その顎鬚《あごひげ》と目つきから、私はすぐに「こいつ、香港人じゃないな」と思った。

長年住んでいるとなんとなく「香港人かくありき」という風貌や表情というのが分かるようになる。第一に無精鬚《ぶしょうひげ》を生やしている青年、というのは香港でほとんど見かけないのだ。

ひと呼吸おいてから青年は英語で話しかけてきた。

「君たち、日本人?」

「そうよ」

「広東語が話せる?」

「話せるよ。ここの牛腩麵、本当に美味しいね」

私は少々、酔っていた。咖喱牛腩伊麵の美味に。だから陽気に答えた。

私が広東語でしゃべりだしたので彼も広東語に切り替えた。

「そうだね。君、旅行で香港に来たの?」

「そうよ。でも以前は住んでいたの。あなたは?」

「僕?　僕は香港人」

そう言ってから、私が「ええ?　ほんと?」という顔をしたのを素早く見てとったのだろう。

すぐに
「大陸から来た香港人さ」とつけ加えた。

この街では、大陸から香港に移ってきた人間は「香港人」とは言えないのだ。彼らは「新移民《さんいーまん》」と呼ばれる。「香港人」は「香港出世《ひょんごんちょっさい》（香港生まれ）」でなければ。幼少時に移民してきた人間は「大陸出世《だいろっちょっさい》（大陸生まれ）」とつけ加えなければならない。三代続かなければ駄目だという江戸っ子ほどではないが「香港人」を名乗れるのは、ここで生まれ育った人間だけだ。

「大陸のどこ？」

「中山」

「じゃあ近くね」

私は慰めているつもり。そんなに田舎じゃないじゃない？　同じ広東語圏だし、孫中山先生（孫文のこと。香港では孫中山と呼ばれる。非常に人気がある）の故郷だし。

「うん」

「何している人？　学生？」

干焼伊麺（炒め伊麺）

【材料】

伊麺２玉　黄韮１束（２センチくらいに切る）　油少々
［調味料］オイスターソース大さじ２　生抽小さじ３　老抽小さじ１（日本の醤油で作るなら、醤油小さじ３と砂糖少々）　塩少々　鶏スープの素小さじ１　上湯（チキンスープも可）あるいは水300㎖

【作り方】

- 伊麺は熱湯にくぐらせて柔らかくしておく。
- 鍋に油を入れて熱し、伊麺と調味料を加える。黄韮を加え、軽く炒める。

※伊麺は日本ではなかなか手に入らないが、新宿中村屋が通販している「八鳳麺」という麺は伊麺と同じもの。

平日の三時に普段着で麺が食べられるのは旅行者か、自営業か、学生か、無職だ。

「内装屋だよ。四時から打ち合わせで時間が空いたから。この先の卑利街《べいれいがい》の牛腩も旨いよ」

「ホント？　卑利街ね？」

すると店の人か、常連なのか、小父さんが中から出てきて私たちに
「美味しい？」

と日本語で聞いた。私は礼儀正しく
「美味しい」

と日本語で答えた。街でこのように日本語で話しかけられたことは住んでいた六年半の間、一度もなかったことだ。

結果的に青年は小父さんによって会話に水をさされた結果になった。

私は彼に別れを告げて、恵美とさっさと歩き出した。青年は悪い感じの人ではなかった。少なくとも大陸人であることを自分で告白した時点で嘘つきではなさそうだ。

ここでもし、どちらかが電話番号かメールアドレスの一つでも渡せば、新しい友情か恋のひとつも生まれたかもしれない。そうしたってよかった。

しかし私はまた泣きべそをかきそうになっていたので、足早に歩くほかなかったのだ。私には分かっていた。これが「旅行者の奇跡」だ。私は既に、香港から足の離れた「お化け」であった。

Happy Together——あとがきにかえて

香港へ行くと、友人に連絡を取る。二〇一三年には久しぶりに、元同僚たちが集う一大同窓会が行われた。なかには帰国以来、初めて会う人たちもいて、久々の再会を喜んだ。

私たちが働いていたのはゲーム会社だったが、今もゲーム業界で働いている人はごく僅かで、ほとんどが違う仕事に就いている。職場恋愛のまま結婚し、子供ができていた人もいたし、以前は痩せていたのにすっかり中年太りをしてしまった人、結婚してパートナーを連れてきた人もいた。

同窓会が行われたのは、旺角にある私房菜《しーふぉんちょい》（プライベートレストラン）だった。普通の住宅の居間いっぱいに三つの円卓が置かれ、奥にあるキッチンで中年女性が料理を作っている。

普段、外食では皆、酒を飲んでもビール止まりだが、今回はワイン好きが持ちこんだ赤ワインが、何本も景気良くテーブルに並んだ。まるで、人の家にお邪魔してご飯を食べているような雰囲気だ。

私房菜が今もこうして続いていることが少し嬉しかった。

香港で最初の私房菜の店といわれているのは、一九九八年オープンの、中環の四川菜大平伙《せいちゅんちょいだいぺんふぉ》だ。香港に移り住んだ四川人夫婦の店で、元歌手の夫人が料理を作り、絵描きの主人がもてなす、というスタイル。当時、香港はアジア通貨危機や鳥インフルエンザの影響で大変な不景気。そこで私房菜のような、ゲリラ的な新商売が生まれたのだ。

看板も出さず、飲食店の営業許可も取らず、家賃の安い住宅の一室で口コミだけで客を取る。このスタイルはたちまち評判となり、あちこちで私房菜を名乗る店が生まれた。

仕事がないなら自分たちで作ってしまおう、という香港人のアイデアとバイタリティから生まれたような私房菜。特に初期は多分にアンダーグラウンドな雰囲気があってとても面白かった。私も口コミや新聞、雑誌の記事で、いろんな店へ食べに行った。重慶大厦《ちょんへんだいはー》の一室でアフリカ料理を食べたことなど、今も忘れられない。まったく普通のアフリカ人のキッチンで辛い魚のシチューとご飯を食べた。商用などで香港に来るアフリカ人のための食堂として営業している私房菜だった。

アドレスを忘れてしまった今では、もし、あの店が健在であったとしても、私は行き着くことはできないだろう。

私房菜には通常、メニューはない。人数と予算を伝えると、おまかせで料理が出てくる。

この時は蟹蒸糯米飯《はいじんろうまいふぁん》（蟹おこわ）や威化紙《わいふぁーじー》という、糯米で作ったライスペーパーに排骨を包んで揚げた料理など、普通の料理屋ではあまり見かけない伝統的な広東料理が出てきた。元同僚たちは私が、香港人が懐かしがるような、ちょっと古い料理が好きなのをよく知っているから、こんな店を選んでくれたのかもしれない。

一緒に働いていた頃、彼らは若かったから私が「古いものが好き」と言ってもピンとこなかったようだが、今では彼らもまた「以前の香港」を懐かしむようになっていた。

＊

同窓会の前、私はある人の紹介で、柴灣《ちゃいわん》にある工業ビルでカフェを経営している男性を訪ねていた。

香港島の西側、柴灣は団地の街だ。団地と、工場やオフィスが集まる工業ビルしかない。目的のビルは駅からバスで五分ほどのところにあった。灰色の巨大な建物で、中に洒落たカフェがあるようにはとても思えない、典型的な古い工業ビルだった。

彼は三〇代後半だろうか。父親が中国人、母親がフィリピン人だという。アメリカ生まれのアメリカ育ちで、以前はオークションのサザビーズに勤めていたが、今は個人の顧客のために便宜を図っている。彼自身も同じ工業ビルの中に住んでいるという。

工業ビルに人が住むことは違法だ。しかし、かつての私房菜同様、ここ数年、工業ビルを住宅や店舗として利用することが一種のブームになっていた。原因は近年、社会問題になっている家賃の高騰だ。

以前から香港では店舗でも住宅でも、景気がいいと契約更新の時、家賃が大幅に値上がりするのが常だった。平気で倍の額を提示されたりするので、あまり高くなるなら店子《たなこ》は出ていくしかない。

しかし逆に景気が悪くなれば、これまた一気に家賃は下がる。

これまでは九七年のアジア通貨危機、二〇〇三年のSARS、二〇〇八年のリーマンショックなど、折々に不景気がおとずれ、家賃はジェットコースターのように上下していた。

それが近年は、まったく下がる気配がなく、上昇するばかり。しかしその理由は好景気ではなく、中国の金持ちが投資で住宅を買うのが原因というから、住人たちはたまったものではない。

特にここ数年は家賃の値上げで辞めてしまう飲食店が目立つ。なかでも家賃の高い繁華街では、安価な粥麺屋や茶餐店はとてもやっていけないという。人気店でも老舗であっても関係なく、突然、廃業してしまう。

そうした状況下で流行っているのが住宅よりも家賃が安い、工業ビルに住むことなのだ。ただし、住人はシャワー室やキッチンを作らないと住めないという難点はある（残念ながら香港に銭湯はない）。工業ビルに住んでいる友人は、キッチンがないので料理できないのがつまらない、と嘆いている。

工業ビルのカフェは日本の雑誌が取り上げそうな、とても洒落た雰囲気だった。エアロプレスなる、北欧で流行っているという方法でコーヒーを淹れてくれた。サンドイッチで使うスモークサーモンは彼のお父さんのレシピだという。

二人で遅いランチを食べていると、客の白人男性が挨拶していった。オーナーは
「ここには結構、白人が住んでいてね。彼もそう。住人同士は仲良くなりやすいね。お互い、法を犯している仲間という共感があるせいかな」と笑った。

食事が済んで、夜の予定を聞かれ、元同僚との食事だと伝えてから、私が
「最後に勤めていた会社は、経営がうまくいかず、皆、解雇されました。でも元の同僚たちとは今も仲が良いんです」

と言うと、彼は
「ああ、君たちにバッドトラウマを共有しているんだね。だから仲が良いのさ」

と言った。

確かに。

私と同僚たちは一〇歳近く年が離れているし、私は会社に入るまで、テレビゲームもPCゲームもほとんどやったことがなかったから、仕事以外の共通の話題はあまりなかった。

しかし、違法で工業ビルに住んでいるという理由で住人たちが仲良くなるように、全員が解雇という憂き目にあったから、私たちは今でも連絡を取りあうのだろう。

そして私は、自分でも気がつかないうちに「契香港《かいひょんごん》（香港と契《ちぎ》りを交わす）」したのかな、と思うことがある。契香港というのは私が勝手に作った言葉だけれど。

契る、という言葉は日本では滅多に使わないし、仰々《ぎょうぎょう》しいが、香港ではよく使う単語のひとつだった。

たとえば「契母《かいもう》」「契父《かいふー》」という言葉。

友人に子供が生まれた時、その子供の契母や契父になるという習慣があるのだ。養子縁組をするわけではない。義兄弟の親子版、と考えればいいか。

契母や契父というのは、実の子供ではないけれど、可愛がってね、というくらいのものだが、しかしこれは、一種の保険のようなものかもしれない。万が一、実の親に何かがあった時にはよろしく頼むわね、というところまで含んだ「契」なのかもしれない。

そしてもし、私が「契香港」したとしたら、それはきっと、あの時だ、と思う出来事があったのだ。

＊

会社でリストラが始まってしばらく経った頃、海関《ほいくぁん》（海賊版などを取り締まる香港政庁の機関）から、会社で使うソフトウェアは正規版を使うように、という警告があった。

会社はゲームのソフトウェア会社だから当然、社内ではさまざまなソフトウェアを使っている。しかしまあ、香港だから当然、というべきか、ソフトのコピーをインストールして使っていたわけだ。

それが海関にばれた。

密告だ、と、通知を聞いた時、おそらく全員が「あいつだ」と思い浮かべた人物がいた。

そして私は彼と仲が良かったのだ。彼はゲーム制作チームの一人でリストラの時、最初に解雇された。しかし、しょっちゅう社長と言い合いしていたから解雇は当然、とも思われた。言い合いの原因は残業代だった。

ゲーム開発は、締め切りが近づくと現場はどうしても残業続きになる。しかし残業代は出ない。明け方まで仕事をしても翌日は朝から出社。彼の主張は「残業をさせるなら残業代を払うべきだ」という、ごくまっとうな主張なのだが、残業代を払う気のない会社に対し、彼は「一人労働組合状態」だった。

私は会社でゲームのプロットや企画書をせっせと翻訳していたが、そのプロットを書いていたのが彼だった。また日本語を中国語に翻訳する時は、彼に添削してもらっていた。仕事の接点もあり、私は彼と仲が良かった。気性は激しく、怒ると烈火のごとく、という感じだったので、話していても時々閉口したが、文学青年でもあり、正義感が強く、私は嫌いではなかった。

海関の警告があった時、誰もが、「あいつが密告した！」と思った。

なんて迷惑な！

結局、これが決定打となり、会社はシンガポールの会社に買収され、九割の社員が解雇になった。

しかし事件はそれだけで終わらなかった。数ヶ月後、旧正月に彼の家が火事になったのだ。

＊

農暦新年《のんれっさんにん》（旧正月）が近づいてくると、花々が灰色の街に色を添える。

正月の花といえば金柑《がむがっ》、桃《たう》、そして水仙《そいしん》。

橙色の実を鈴なりにつけた金柑の植木や、微かに桃色の花を覗かせた蕾《つぼみ》をたくわえた桃の木、たくさん花が咲くよう球根に細かな切れ目を入れた水仙が売られるようになると、街はいよいよ正月らしくなってくる。

普段は、およそ優雅とはほど遠いこの街だが、花に囲まれての正月だけは、どこか優雅な気分になる。

私は香港で水仙が、どんなにいい匂いをさせて花を咲かせるかを知った。

楕円の鉢に水をはり、小石で周りを囲んだ水仙の蕾が日に日に大きく膨らんでいく。そしてある朝、目覚めると、部屋中が爽やかな香りでいっぱいになっているのだ。

その様子を眺めていると、新しい年に対して、自然と明るい希望が湧いてきた。

現実が、続く不況、解雇の不安、不透明な未来だったとしても、毎日、少しずつ花が咲いていく様子は心に明るいものを与えてくれる。これも中国が長い歴史の中で培ってきた知恵というものだろうか。

そして年末から元旦にかけて、銅鑼灣と旺角には、正月用の花を売る花市《ふぁしー》が立つ。

私は花市が大好きで大晦日には一晩中、人でにぎわう花市へ必ず行った。一ヶ所だけでは飽き足らず花市のはしごをした。

元旦が過ぎると太子《たいじー》の花問屋街、花墟街《ふぁほいがい》へ行った。新年明けは売れ残った花を安売りするのだ。両手一杯の花束を抱えて歩く人々を、見ているだけで楽しくなった。

また年末のスーパーには、朱古力《じゅーぐーれっ》（チョコレート）、曲奇餅《くっけいべん》（クッキー）、糖《とん》（キャンディ）の大箱が天井まで届くかという勢いで、積みあげられる。親戚回りの時の手土産用、または親戚が来た時に出すための菓子だ。

大晦日には家族で年越しするための食事、團年飯《てゅんにんふぁん》がある。

香港では正月には髪菜蠔豉《ふぁっちょいほうしー》（干し牡蠣と髪菜という藻類の料理）を食べる。髪菜と發財、蠔豉と好市がそれぞれ同音だ。「お金が儲かる」という意味がある。

魚も食べる。魚は、年年有魚《にんにんやうゆー》で年年有余（毎年、余るほど豊かであるように、という意味）と同音で縁起がいい。たいてい蒸し魚にする。鶏も食べる。神様にお供えしたものを下げて食べる。気をつけるのは皿の数は七皿にならないようにすること。中国で七は縁起が悪い。葬式の時に、死者に捧げる料理の数が七皿だからだと聞いた。

家の入口には揮春《ふぁいちゅん》という、「恭喜發財《こんへいふぁっちょい》（お金が儲かりますように）」「龍馬精神《ろんまーちぇんさん》（元気でありますように）」などの文字を書いた赤い紙を貼る。

年が明けても七日目までは、いろいろと決まりごとが多い。

髪の毛を洗ってはいけない、部屋の掃除をしてはいけない、髪の毛を切ってはいけない、正月三日目は、あまり話をしてはいけない、靴を買ってはいけない……これらの決まりごとは守られていた。

密告したと噂された元同僚の家が火事になり、家族と一緒に入院している。原因は隣家からの出火でお母さんが重体だ……という話を聞いたのは、元旦に同僚たちを家に招いた時だった。

火事のニュースは新聞にも載った大きなものだったという。電話していいものかどうか迷ったが、二日後に携帯に電話してみた。家族と食事中だから後で掛け直す、と言われた。

その晩、電話があった。彼は開口一番
「我《おー》Mommy《マミー》去咗《ほいじょー》（母は行ってしまった）」

と言った。

数日後、再び電話があった。

「明日、大角咀《だいこっちょい》の九龍殯儀館《がうろんばんいーぐん》（葬儀場）。七時から俺はいるから。意味分かるだろ？　誰か来たい奴がいたら、伝えてくれ」

そう言って電話は切れた。私は仲が良かった同僚のデザイナーに電話して、メンツを募ってくれと頼んだ。

その夜、集まったのは八人。

大角咀の葬儀場へ行くのは初めてだった。

香港島の葬儀場は会社にも近かったので時々、前を通った。葬儀場の周りには葬儀用の花屋が並んでいる。

香港の花輪に使う花は白や黄色の菊で日本と同じだが形が違う。香港では涙のような形に作る。大きさもひと回り小さい。

涙の形の花輪というのは悲しい気持ちを具現化しているようでいいな、と葬儀場の前を通りかかる時に思ったりした。

大角咀は地下鉄の太子駅から、歩いて一〇分ほどのところにある。ひと気のない、暗い道を歩いていくと灰色の葬儀場が見えた。香港島と比べると葬儀場も花屋も規模が小さく、みすぼらしく見えた。

キャップをかぶった老人が「花はいらんかね」と、しつこく聞いてくる。周りの老朽化した建物を照らす、裸電球のような花屋の電灯が妙に艶《つや》めかしい。

中に入る前に彼に渡すお金を集めた。一人一〇〇香港ドル（約一五〇〇円）も出しただろうか。花輪も買おうということになり、さらに五〇香港ドルほど出し合った。花屋が差し出す紙に全員が名前を書いた。花輪に書いてもらうのだ。

葬儀場に入り、エレベーターで二階へあがると、中は人でいっぱいだった。フロア中に線香の煙が漂い、チャルメラの音が鳴り響いている。

日本の感覚でいうと鐘もチャルメラもにぎやかで、とても葬儀の音楽とは思えないかもしれない。しかし実際に葬儀場で聞くと、それは葬儀の音そのものだった。

けたたましく響くチャルメラと鐘。金属の楽器から発せられる大きな音は、鋭角的な響きを持っている。それはまるで、人々の悲しみがこもって黒い雲にならないうちに、その黒い雲が、亡き人の魂を惑わす前にかき消してしまおうとするような、そんな音がした。

葬儀場のフロアは四つくらいに壁で仕切られていて、それぞれの家族が座っていた。ドアはなく、受付用の机と折りたたみ椅子が並べられている。受付で名前を書くと、小さな赤い袋をくれた。中が少し盛り上がっている。

彼は私たちを見つけると大声で
「花輪を買うなんて、そんなことしなくていいのに！」と叫んだ。

私は香港の正月が好きだった。その正月にお母さんを亡くすなんて。密告するような奴だったとしても、やっぱりそれはあんまりだ。

もう一生、彼は正月を祝うことができないだろう。そう思うと涙が出た。泣くような間柄でもないのに、おいおいおいと泣いてしまった。

ちょうど、私の母が血栓で倒れたばかりだったからかもしれない。

他の同僚たちはちょっと驚いたと思う。日本人というのはかくも情動的な人種なのかと思ったかもしれない。

近くの椅子に座っていた近所の人らしき小母さんは、ずっと独り言を言いながら泣いていて、私が泣き出すと、そうだろう、そうだろうと言うようにうなずいて、また泣いた。

彼と別れ、エレベーターに乗ったとたん、私を除く全員がポケットに入れていた袋をとり出し、開け始めた。私はデザイナーに聞いた。

「どうして？」

「こうするもんなんだ。開けてみな」

中に入っていたのは一ドル硬貨とキャンディが一つ。「スーガス」という日本のハイチュウに似たキャンディだ、正月用の大箱菓子の定番である。

皆はキャンディを口に放り込む。まるで急いでいるかのようだ。

「どうして？　どうしてすぐに食べるの？」

「そういう習慣なんだよ。この一ドル玉もすぐに使わなきゃいけない。帰りはタクシーで旺角まで行こう。その時に使えばいいから」

なぜキャンディを？　私は納得がいかず、他の人にも尋ねると

「さあ？　よく分からないけれど、お葬式って悲しいでしょう？　それでキャンディは甘いから食べると嬉しくなるじゃない？　だからキャンディを食べて、悲しい気持ちを少しでも軽くするためじゃないかしら？」

という答が返ってきた。

その後、キャンディを食べるのは「悲しみを固めて終結させる」という意味があり、本来は氷砂糖を用いることを知った。

タクシーに乗って旺角まで行き、大きな料理屋で食事をした。誰もがお腹を空かせている風でもなかったし、いつも同僚たちと行くのは茶餐店だったので、ちょっと奇妙だと思った。これもまた「習慣」だと後から教えてもらった。

葬儀場には「鬼（霊）」などの「良くないもの」がうろうろしていて、それが自分にくっついてしまうことがある。だから葬儀場から直接、自宅に帰ると、その「良くないもの」を自宅に招

き寄せることになってしまうのだという。

それを防ぐために、帰る前に必ずにぎやかな場所に寄って、外で食事をする。これは葬儀の時だけでなく、墓参りの時にも行われるのだそうだ。

＊

私が日本に戻ってから、件《くだん》の彼とはそれほど親密にはつきあっていない。結婚したと聞いたがカードを贈っただけだ。極端な性格が災いして、他の同僚たちもつきあっていないという。

それでも一年に一度はＳＮＳでメッセージをもらう。いつも決まって旧正月だ。私たちは「新《さん》年快楽《にんふぁいろっ》（新年おめでとう）」という短い決まり文句を送りあう。

彼が元気なら私も嬉しい。

そして、あの時、あの、皆と一緒にキャンディを口に放り込んだ時に、私は香港と「契った」のではないかと、ふと思うのだ。

でなければ花輪に名前を書いた時だろうか。

そんな馬鹿なことがあるか、そう言う人もいるだろう。しかし私は時々、思い出す。

九七年七月一日、中国返還の日。あの日はずっと雨だったことを。

天はまるで、香港の人々の気持ちを代弁しているようだった。

あの日はもちろん休日になった。私は最初から、どこにも行かないことに決めていた。周りの香港人に返還の日はどうするの？　と聞くと、誰もが

「別に、何も。普通の休日でしょ。家でテレビを見るかな」と言った。

返還は多くの香港人の本意ではなかったと思う。英国の方が中国よりましだと多くの人々は思っていたと思う。

香港人の多くは戦後、中国から移り住んで来た人とその子供たちだ。戦後、共産党から逃げてきた人や、文化大革命で弾圧された人たち、また、私が聞いた中では、両親が大躍進政策（一九五八―六〇年）の大飢饉の時に香港にやってきた、という人も多かった。決して、思想的な理由だけで移民した人ばかりではないだろう。

しかし政治的にも政策的にも、香港人の多くは共産党に対して不信感を持っているから、中国への返還を喜ぶ人は多くなかったと思う。

当時は日本でも「返還までに一度は行ってみたい香港」といわれたし、今でも私が返還時に香港にいたというと「返還の時に香港にいたんですね。スゴイ」などといわれる。

けれど私自身は最初から「自分には返還のことは分からないだろう」と諦めていた。

返還は一朝一夕で理解できることとは思えなかった。少なくとも、八四年の、中国とイギリスの返還決定の共同声明前後を実感として体験していないと、返還について考えることは難しいと私は考えていた。一年や二年住んで、何が分かるだろう、と。

住み始めた九六年は、まさに返還バブルの真っ最中だった。住宅の価格はうなぎ上りで（香港では土地ではなく、英国同様、住宅の権利を売買する）、家の転売でひと財産作った人たちがたくさんいた。

誰もが返還後には、もっと価格が上がると思ったから我も我もと皆、借金して家を買った。人々の考える未来は、返還という望まない未来と、好景気という輝かしい未来の両方が重なる、アンビバレントなものだった。しかし、中国になっても必ず香港は発展する。誰もがそう思っていた。

中には、一国二制度となる中国は、将来、香港のようになっていくのだから、香港がお手本を他の地域に見せればいいといった、驕った意見さえあったのだ。

だから人々は嫌だと思いつつ、返還という現実を飲み込んでいたはずだった。

それでも、雨が降った。

一日中、降りっぱなしだった。

灣仔での式典に参加したチャールズ皇太子、最後の香港総督であるクリストファー・パッテンの姿、人民解放軍の行進……私もずっと、家のテレビで見ていた。どこにも行かなかった。悲しい、嬉しい、そんな感慨はなかった。

ただ、この日を特別だと思いたくないという、香港の人たちの気持ちに寄り添いたいと思っていた。

結局、中国の介入より先に、九七年、タイから始まったアジア通貨危機が香港を急速な不景気に陥れ、返還後、香港は今以上に発展するという明るい希望の光は早々に消えてしまうことになった。

その後、景気は少しずつ回復したようにみえたが、二〇〇三年のSARSで再び、どん底まで低迷した。

同時に中国からの観光客の入境制限が緩んでいき、どっと中国人観光客が増えた。ブランド店の主客は、日本人や欧米人ではなく中国人になった。

あれだけ、北京語は苦手、話せない、と言っていた香港人が、接客では北京語を話すようになった。街に簡体字の表示が増えていると友人たちは嘆くようになった。

二〇〇八年のリーマンショックは香港も少なからず影響を受けたが、大陸の金が流れてきているせいで、それほど不景気にならなかったという。経済的には中国なしではやっていけないことは、香港人も認めざるを得なくなっていた。

しかし合法的に入ってくる中国移民、国境を越えて出産し、居座ってしまう不法移民、そして、大量の物を買うためだけに越境してくる人たち、彼らが香港人の生活を脅かすようになった。

二〇〇八年、中国の粉ミルクにメラミンが混入され、乳児が死亡した事件を始めとし、中国の製品を中国人自身も信用していない。香港の製品が大陸では高価で売れるため、大量の運び屋が買い占めてしまい、香港人が粉ミルクを買えないなど、社会問題化した。

私は香港に住む大陸人が皆、好ましくないとは思わない。香港人と結婚して子供がいる日本人の友人は、幼稚園で一番親しくつき合っているお母さんは大陸人だという。友人は北京語スピーカーということもあるが、外国人同士はおかれている状況が似ているし、疎外感も理解できる。またお互いに言葉が流暢でないという共通点もあり、仲良くなりやすい。

そして、二〇一四年の秋に起こった雨傘革命（Umbrella Revolution）は、こうした香港の強引な大陸化に対して、人々がはっきりとノーと表明した行為だった。

フェイスブックのようなＳＮＳが登場してからは香港でも、事件があるとすぐにＳＮＳで伝わるようになっていた。

雨傘革命の時も私のフェイスブックのタイムラインはデモ一色になった。友人たちのプロフィールの写真が次から次へと削除され、黄色い傘のイラストになった（天安門事件の時、中国政府はテレビニュースの映像から学生たちを割りだし、逮捕したというではないか）。

思えば、好景気に浮かれていた返還の頃、香港人はもっとニヒリスティックだったと思う。斜に構えていて、刹那的だった。

「どうせ大事なことは政府が勝手に決めてしまうのだから、何をやっても無駄。自分たちにできて、かつ重要なことはお金を稼ぐことだけ。だから金儲けのためなら何をやってもいい」

そんな風潮だった。

「しょうがない」

「忘れな」

そんな言葉をよく聞いた気がする。

＊

風潮が変わった一つのきっかけは、二〇〇三年のＳＡＲＳではないかと私は考えている。

二〇〇三年二月、ホテルに宿泊していた広東省の医者が発症し、瞬く間に香港、そしてアジアで広がっていったSARSについては当時、友人たちから連日、悲痛なメールが届いていた。当初は原因が分からず、治療にあたっていた医者たちが次々に感染したものだから、人々の恐怖は相当なものだった。

そして四月一日、中環のマンダリン・オリエンタル・ホテルで、俳優のレスリー・チャン（張國榮）が投身自殺をした。

最初はエイプリルフールのジョークかと思ったが、友人たちから次々に彼の死を知らせるメールが届いた。

映画関係者や女性だけでなく、元同僚から「レスリーが自殺した。俺はとても悲しい。香港は終わった、そう思う」というメールをもらった時、私は初めて、レスリー・チャンが香港人にとって、どんな人物だったかを知った気がした。

その美貌で、日本では女性ファンに絶大な人気を誇ったレスリーだが、香港で彼はただのスターというだけではなかった。彼はいわば、香港を体現するスターだったのだ。

一九五六年生まれのレスリーは、裕福な家庭に生まれ、少年期を英国で過ごした後、歌手としてデビュー。山口百恵の「さよならの向こう側（風繼續吹）」や吉川晃司の「モニカ（Monica）」などを唄い、大ヒットさせている。

映画にも数多く出演したが、移民ブームだった八九年、一度引退して、カナダへ移住。その後、再び香港に戻り、芸能活動を復活させた。

しかし晩年は、コンサートでミニスカートをはいて「下品だ」と批判を受けたり、公然の秘密だった同性の恋人との不仲について報道されたりと、評判はあまりかんばしくなかった。年を重ねるごとに、奇人の域に入っている感もあった。

私が香港に興味を持つようになったのも、多くの香港ファン同様、香港映画が好きだったから で、レスリーの映画もたくさん見ている。

その中でもやはり、彼の代表作のひとつ、ウォン・カーウァイ監督の『欲望の翼(阿飛正傳)』(一九九〇年)は今見ると、返還前の、ある種の気分をよく表しているように思う。

レスリー演じる不良青年、ヨディは、わけあり風の上海人の女が育てたフィリピン貴族の婚外子。毎日を刹那的、享楽的に過ごしている。誠実でないわけではないが、仕事もせず、人に対しても投げやりで、全く人生を生きていない。ある日、産みの親を知りたくてフィリピンに渡り、そこで刺されて死ぬ。

ストーリーだけ書くとまるで凡庸なメロドラマだが、享楽的で投げやりな態度、広東語を話す息子と上海語で話す育ての親(香港には戦後、上海から流れてきた人々の末裔がいる。ウォン・カーウァイもその一人だ)。出自を求めてさまよい(香港人は中国人なのか、あるいは英国人になったのか)、結局は見つからない、という物語は、まるで香港人そのもののようにも見える。

美空ひばりが死んだ時、多くの日本人は「これで昭和は終わった」と思った。

同じようにレスリーが死んだ時、「これで香港は終わった」と多くの人々が思ったのだろう。

しかし五月にはWHOが、SARSの終息宣言をしたので、やはりレスリーの死は残念でならない。

＊

SARSの時の香港の四面楚歌ぶりは、はたから見ていても気の毒だった。

最初の感染源が広州なのだから、香港側としては、中国から人が来るのを止めたかったが、中国政府は国境の行き来を止めたりはしない。だからいくら香港内に患者がいなくなったとしても、中国から新しい患者が入ってくる可能性はなくならない。一方、シンガポールや台湾など、近隣諸国は早々に香港人の入国を禁止してしまったから、香港人はどこにも逃げられないという、極めて閉鎖的な状況に追いつめられていた。

それでも関係者のプライバシーを守りつつ、病気の情報はすべて開示するというやり方で、香港はSARSを早期に終結させることができた。

実は私はそれまで、何か大事が起こった時の香港人の行動については多少、不安があった。香港は口コミが強く、不確定な情報でも一瞬、皆が信じて大騒ぎになる、ということがそれまでも度々あったのだ。

たとえば、餅券《べんぎゅん》事件、というのがあった。

餅券とは結婚式の引き出物などで必ずもらうケーキ店のギフトカードのことだ。店に持っていくと、ケーキと交換ができる、一種の金券である。これを何十枚もため込んでいる主婦も多いのだ。

ある時、某有名ケーキ・チェーンが倒産するという噂が香港中を駆け巡り、店がなくなる前に餅券をケーキに替えなければと、店に長蛇の列ができた。しかし実際は倒産しなかった。

香港人が口コミですぐ行動を起こす根底には、政府やメディアに対する不信感がある。

とはいえ、不確かな情報で人々がすぐに起動してしまうというのは、やはり一抹の不安を拭えない。

それでなくても普段の香港人はやや子供っぽい感じがする。大人になってもキャラクターグッズが大好きだし、オバサンになっても、若い子みたいなファッションをしているし。

だから、何か一大事に遭遇した時、ここの人たちは冷静に対処できるのだろうか？　と思っていたのだが、実際はそんな心配は無用で、失礼千万な話だった。

香港人は私が考えるよりもずっとずっと大人で、冷静な人たちだったのだ。

思えば、不安定な状況での振る舞い方は、香港人は日本人よりもずっとマチュアなのだった。

香港人とは元々、激動の歴史の中、自分たちの考えをもって行動を選択し、香港に移り住んできた人たちなのだから。

ＳＡＲＳが終息してから間もなくの二〇〇三年六月。

私は香港にいる友人たちとフランスへ息抜き旅行に出かけ、帰りに香港へ寄って、他の友達とも再会を祝い、七月一日に日本へ戻った。

この時、香港人にとって七月一日が再び大きな意味を持っていることに、私は帰る時になってようやく気づいた。

私は空港で「蘋果日報（新聞）」を買った。表紙には大きな、大きな文字で、

「走上街頭《ざうしょんがいたう》　不見不散《ばっぎんばっさん》（街に出よう、街で会おう）」

と書いてある。香港基本法二三条の改正反対のデモへの呼びかけだ。香港で無事を喜びあった友人たち、元同僚たちは皆、このデモに参加すると意気揚々と話していた。

ＳＡＲＳが発生する前、香港の報道や発言の自由を守る香港基本法二三条の改正の動きが出ていた。しかしこの時、世論は

「どんなに反対しても、どうせ政府は無理やり改正してしまうのだろう」

と諦めムードだった。

これがＳＡＲＳ以降、はっきり変わったと私は思っている。

香港人はＳＡＲＳに勝った。やればできる、そういう自信を香港の人々は持ったのだと思う。

この時はＳＡＲＳ終息直後、ということもあり、北京政府も無理をしなかったのだろうか。結局、基本法二三条の改正はうやむやになり、今も改正はされていない。

ただ、振り返ってみれば、これ以降、北京政府は違う方法を考え出したのかもしれない。法律の改正に対して香港人が敏感ならば、法ではなく、現実に訴える方法の方が有効だと。

ＳＡＲＳ以降、香港人は泣き寝入りをしなくなった。

嫌なものは嫌だとはっきり言うようになったし、行動に示すようになった。デモに参加することは日常になった。特に一〇代、二〇代の学生たちは不満があるとすぐに行動に移すという、新世代だ。

長い間、香港でデモといえば六月四日の天安門事件の日だった。ビクトリアパークで行われる六四の集会は、香港が民主化運動の旗手であることを示してきた。八九年の天安門事件以降、ずっと行われ、それでも少しずつ風化していたのだが、香港の民主が脅かされているとあって、SARS以降、再び人が集まるようになっている。

二〇一四年の秋に起こった雨傘革命は、こうしたさまざまな出来事が少しずつ、積み重なって起こったものだ。

一四年に入ってから香港では、特別行政区行政長官の選出の際、普通選挙が実施されるか否かが大きな問題になっていた。

返還以降、香港の代表は総督ではなく、行政長官に変わった。長官は中国政府の指名による。中国の政府寄りの人物が選ばれるから、当初から香港人は行政長官を嫌った。

それでも二〇〇五年には、返還前、絶大な人気を誇っていた元政務司司長アンソン・チャン（陳方安生）の下にいたドナルド・ツァン（曽蔭権）が行政長官に就任した時期もあった。

そして次の行政長官を決める選挙では、香港人の普通選挙が行われる予定だったが、それを懸念する北京政府の動きがあり、雨傘革命の前から、市民デモが盛んになっていた。結局、行政長官の選出には中国政府による指名委員会の支持が必要ということになり、これでは普通選挙ではないと、香港人は激しく憤ったのだ。

雨傘革命が始まった直接の原因は、学生たちによるハンガーストライキだった（これは天安門事件と同じだ）が、警察が催涙弾を撃ったことで一気に市民を巻き込んで、街じゅうでストライキが始まった。

雨傘革命という名前も、催涙弾の煙を遮るために、皆が傘を持って集まるようになったところから名づけられた。

中環、銅鑼灣、金鐘《がむちょん》、旺角といった主要な繁華街はストライキの市民で溢れたという。私の友人たちはもう三、四〇代だが、ほとんどがストライキに参加していた。

ある友人は、フェイスブックにこう書いていた。

「私たちは、私たちが生まれ育ち、暮らしている香港が好きだから、行動する」

もちろん、香港人の誰もが雨傘革命を支持したわけではなく、この革命を支持したのはミドルクラスで、アッパークラスとロアークラスの人間は支持しなかったという。

そしてこのミドルクラスこそが、九〇年代、返還の好景気で生まれた層だといわれている。

他の人は雨傘革命について、どう思っているのか興味があり、二〇一五年一月、香港人で日本に長く住んでいる写真家、ＥＲＩＣの雨傘革命の写真展とトークショーへ行った。彼が

「今回の行動で北京政府が態度を変えるとは香港人の誰もが思っていなかったと思う。でも、結果が何も変わらなかったとしても、行動を起こすのと起こさないのでは、大きな違いがある。今回、行動を起こした香港の人々を僕は誇りに思う」

と言うのを聞いて、私は素直に共感した。

そして、香港に暮らし始めた時から二〇年近く経って、やっと、私も香港について考えることができるようになったのだろうか、と思うようになった。返還後のさまざまな出来事を知らなければ、雨傘革命の意味もまた、理解できなかったかもしれない。

今でも、香港について問われれば、私は自分が分かっていることは何度でも話をするし、説明もする。

その歴史、その状況、その未来と、そこに暮らす人々の暮らしぶり、そして愛してやまない、香港の食べ物について。

ある時期、自分が生まれ育った場所でない場所に暮らし、縁ができた。そこを離れても、その場所のことは気になるし、皆、幸せでいてほしいと思う。

そんな場所が誰にでもできうるだろう。

人生は短い。人はそうそう、いろんな事柄について関われるわけではない。

だからこそ、自分の知っていることは人に伝えたいし、人が知っていることを聞かせてほしいと願う。

そうやって伝えたり、伝えられたりすれば、世界の、より多くのことが理解できるようになるのではないかと思うのだ。

私が香港と契ったのは、バッドトラウマのせいかもしれない。しかしそれでも構わない。今は東京と香港、離れているけれど、一緒に生きていく、そんな気持ちがずっとある。これから香港がどんな風に変化していこうとも、その気持ちに変わりはないと思う。

古い郵便箱

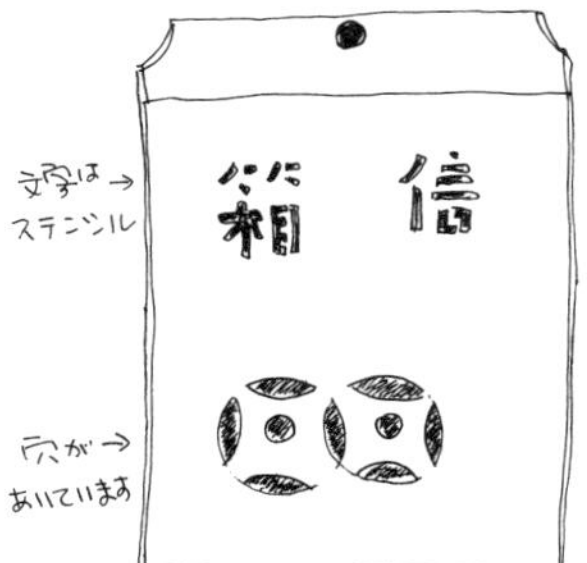

野村麻里（のむら まり）

1965年東京生まれ。91年よりフリーライターとして「アサヒグラフ」「サライ」「東京人」などで活動。1996〜2002年、香港在住。帰国後は執筆、編集、翻訳を手がける。著作に『ひょうたんブック』（共著、平凡社）、編著に『作家の別腹』（光文社）、コロナ・ブックス『作家のおやつ』『作家のお菓子』（共同編集）、スタンダード・ブックス『稲垣足穂 飛行機の黄昏』（以上、平凡社）など、翻訳に『マクダルとマクマグ 春田花花幼稚園』（朝日新聞出版）がある。

香港風味《ほんこんふうみ》——懐かしの西多士《フレンチトースト》

2017年5月26日　初版第1刷発行
2025年6月30日　初版第3刷発行

著　者…………野村麻里
発行者…………下中順平
発行所…………株式会社平凡社
〒101-0051 東京都千代田区神田神保町3-29
電話 03-3230-6573〔営業〕
印刷・製本……中央精版印刷株式会社
DTP…………平凡社制作

ISBN978-4-582-63219-4

平凡社ホームページ　https://www.heibonsha.co.jp/

乱丁・落丁本のお取替は直接小社読者サービス係までお送りください（送料は小社で負担いたします）。

【お問い合わせ】
本書の内容に関するお問い合わせは
弊社お問い合わせフォームをご利用ください。
https://www.heibonsha.co.jp/contact/

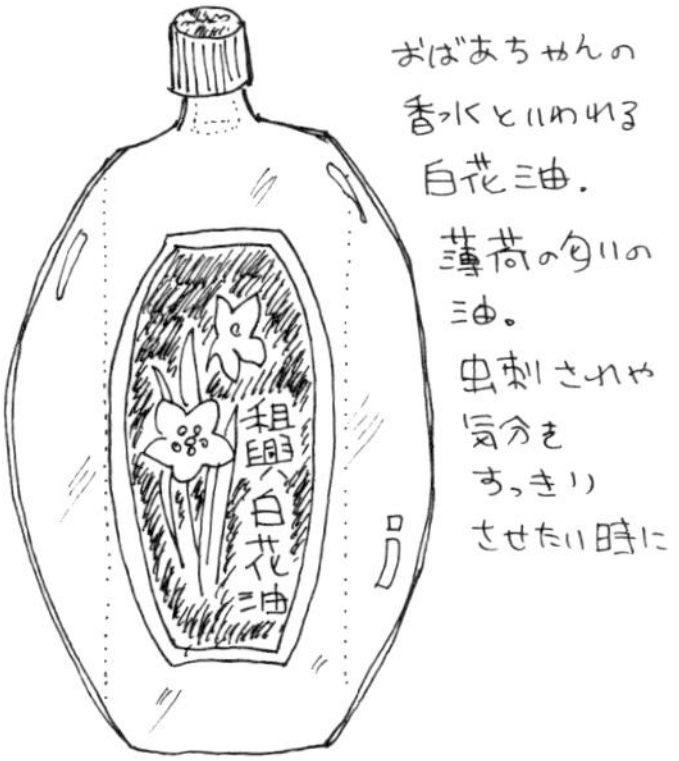
おばあちゃんの
香水といわれる
白花油。
薄荷の匂いの
油。
虫刺されや
気分を
すっきり
させたい時に